同济·中国思想与文化丛书

# 《庄子》内七篇析义

张文江 著

世纪出版集团 上海人民出版社

有莫举名，使物自喜。

——《应帝王》

# 目 次

# 《逍遥游》析义

**解题：** "逍遥"是连绵词，无拘束的样子；"游"是游历，上天入海，无所不至，犹如《远游》之游。本篇大旨，过去有道家之解，有佛家之解，深究极复杂。今天可直接用大白话解，那就是"追求自由"。无论《庄子》一书的是非如何，"追求自由"总是对的，这也是中华民族的最高精神向往之一。虽然人生来就是自由的，却在在处处感受到自然、社会以及生命本身的限制，感受到力不从心。"我是一只小小鸟，飞呀飞呀飞不高"，正是现代人的普遍困惑。《庄子》一书，探求的是如何解脱层层束缚而飞上去，看看大自然和生命本身的壮丽和美好。

北冥有鱼，其名为鲲。鲲之大，不知其几千里也。化而为鸟，其名为鹏。鹏之背，不知其几千里也。怒而飞，其翼若垂天之云。是鸟也，海运则将徙于南冥。南冥者，天池也。

这是《庄子》开宗明义之象。鲲化鹏是远古的神话传说，鱼化鸟是可能的进化经历。地球上原始生命起源于大海，以后逐渐爬上陆地，终于起飞向天，正是不断的上出过程。生物圈在地球上的厚度约二十五公里（深海约十公里，天空约十五公里），鱼、鸟相当于它的两极。鲲化鹏或鱼化鸟，于《周易》当鱼鸟相亲之象，乃物化间之联系，《中庸》引《诗》所谓"鸢飞戾天，鱼跃于渊，言其上下察也"。鲲化鹏或鱼化鸟要经过一系列脱胎换骨，需要大积累、大能量，此所以其大、其背"不知其几千里也"。由其大到其背，重视督脉的存在，正是《易》所谓"艮其背"，《养生主》所谓"缘督以为经"。"怒而飞"，怒从奴心，奴隶被压抑得太久了，触动了忍受的底线，故有爆发性奋起，所谓"三年不飞，一飞冲天"。因为生物在海底不甘心，无论如何想上去看一看，看一看天地本来的景色。"海运"是海洋间潮流的涌动，或许和季风的变迁有关，其强弩之末尚可观海宁潮（地名称"海宁"，是因为"海运"太厉害了，然而"四海翻腾云水怒"，海又哪里肯"宁"）。借助"海运"变动的气势，鸟腾空而上，"飞"（飛）从升羽，故"其翼若垂天之云"。"南冥"和"北冥"对立，为鸟飞的目的地，此即庄子之净土，为的是喝上"天池"之水。

> 《齐谐》者，志怪者也。《谐》之言曰："鹏之徙于南冥也，水击三千里，抟扶摇而上者九万里，去以六月息者也。"

"《齐谐》者，志怪者也。"《齐谐》或谓人名，或谓书名，以书名近是，且不妨以人名作书名。于传统经典以外又重视"志怪"，似乎违背了《论语·述而》"子不语怪力乱神"，然而重新接通神话源头并加以哲理化，正是《庄子》的创造和发展。"水击三千里"之象，毛泽东早年诗作亦用之："自信人生二百年，会当水击三千里。""抟扶摇而上者九万里"犹龙卷风，俗称"龙吸水"。"抟"为旋转，扶摇为鼓荡。"去以六月息者也"，由北冥而南冥，由冬至而夏至。于《易》而言，"六月"犹十二消息卦之六爻。

> 野马也，尘埃也，生物之以息相吹也。天之苍苍，其正色邪？其远而无所至极邪？其视下也，亦若是则已矣。

"野马也，尘埃也，生物之以息相吹也。""野马"、"尘埃"相当于气与尘，乃天地间之阴阳交流。成玄英疏："青春之时，阳气发动，遥望薮泽之中，犹如奔马，故谓之野马也。扬土曰尘，尘之细者曰埃。""生物之以息相吹也"极深，盖见及天地间生命之呼吸相通，当感受体味之。"天之苍苍，其正色邪？其远而无所至极邪？其视下也，亦若是则已矣。"亦极深，盖见及生命大观上出过程中之一念疑惑。因为在上出的过程中，天的颜色一层层在变，而身处位置的不同，看到的颜色也不同。那么哪一种才是本来的颜色呢？已经飞了极长极长的一段路程，然而尽头还没有到，似乎极远，又似乎极近，到底哪里是目的地呢？再往下看，地面的景象也同样在变化呀！

> 且夫水之积也不厚，则其负大舟也无力。覆杯水于坳堂之上，则芥为之舟，置杯焉则胶，水浅而舟大也。风之积也不厚，则其负大翼也无力。故九万里，则风斯在下矣。而后乃今培风背，负青天，而莫之夭阏者，而后乃今将图南。

"且夫水之积也不厚，则其负大舟也无力"，"风之积也不厚，则其负大翼也无力"，皆言积累，可比较佛家唯识学之"资粮"、"加行"。资粮、加行足够不足够，只有上去了才能反过来知道，“故九万里，则风斯在下矣”，那是已经上去了。两言“而后乃今”，因远行要做较复杂的准备，必积渐而成，故缓言之，且于文章成脱卸之势。

“培风背，负青天”有两种读法：一，“培风背，负青天”，成玄英说；一，“培风，背负青天”，王念孙说。两说皆可通，似以成说较善。因王说主积气，然积气非死物，尚有自身的运动。成说更主积气中向上躬起的能量，也就是所谓“风脊”：“上负青天，下乘风脊，折塞之祸，于何而至！”得此能量的支持，故“莫之夭阏”，谓无可阻挡。“抟”与“图南”相配，隐含了后世道教史上一位大人物的名字：陈抟，字图南，也就是《周易》“先天图”传出者，于宋代文化有极大的影响。

> 蜩与学鸠笑之曰：“我决起而飞，枪榆枋，时则不至，而控于地而已矣。奚以之九万里而南为？”适莽苍者，三湌而反，腹犹果然。适百里者，宿舂粮。适千里者，三月聚粮。之二虫，又何知？

如果以鲲鹏为交响曲的主题，则蜩与学鸠为副主题。前者当《老子》四十一章所谓“上士闻道，勤而行之”，后者当所谓“下士闻道，大笑之”。枪，突击。控，降落。莽苍，郊外郁郁葱葱的景象。谭嗣同颜其斋曰"莽苍苍斋"（田家英因之称"小莽苍苍斋"），毛泽东《菩萨蛮》"烟雨莽苍苍，龟蛇锁大江"，言雾蒙蒙之气氛。莽苍、百里、千里，到达不同的目的地，需要准备不同的资粮。又庄子文、郭象注有异者，庄扬大抑小，犹大乘之象，郭小大各适其分，乃试图达最上乘。然而郭无实际修持，所谈皆成空言。

小知不及大知，小年不及大年。奚以知其然也？朝菌不知晦朔，蟪蛄不知春秋，此小年也。楚之南有冥灵者，以五百岁为春，五百岁为秋。上古有大椿者，以八千岁为春，八千岁为秋。而彭祖乃今以久特闻，众人匹之，不亦悲乎？

小知、大知、小年、大年之辩，由动植物而及人。朝菌是一种生长期很短的菌类。蟪蛄是夏蝉，俗称知了。冥灵或谓龟，或谓木，似为某种特殊生物。上古大椿有原始森林之象，或可追溯于地质年代。彭祖乃传说中长寿之人，似与战国方仙道有关，至庄子消释于精神境界，乃免释家所谓的寿者相。

汤之问棘也是已。穷发之北有冥海者，天池也。有鱼焉，其广数千里，未有知其修者，其名为鲲。有鸟焉，

其名为鹏，背若泰山，翼若垂天之云，抟扶摇羊角而上者
九万里，绝云气，负青天，然后图南，且适南冥也。斥鴳
笑之曰："彼且奚适也？我腾跃而上，不过数仞而下，翱
翔蓬蒿之间，此亦飞之至也。而彼且奚适也？"此小大之
辩也。

此即庄之重言，犹主题、副主题之变奏，穷发云云相应
一，斥鴳云云相应二。汤之问棘，可比较《列子》汤问夏革，
彼处所述稍详。穷发犹不毛之地，是极北的荒漠。穷发之北，
犹言最远的边界之外。

故夫知效一官，行比一乡，德合一君，而征一国
者，其自视也，亦若此矣。而宋荣子犹然笑之。且举世而
誉之而不加劝，举世而非之而不加沮。定乎内外之分，辩
乎荣辱之境，斯已矣。彼其于世，未数数然也，虽然，犹
有未树也。夫列子御风而行，泠然善也，旬有五日而后
反。彼于致福者，未数数然也。此虽免乎行，犹有所待
者也。

"知效一官"，知识或智能足以充当官员的人。"行比
一乡"，操守成为一乡楷模的人。"德合一君"，品德高尚，

可以担任君王的人。"而征一国",代表一国象征的人。四者的次序基本上是德高于能,置"而征一国"于最高地位,犹树立城邦的偶像。"其自视也,亦若此矣。"自满自足的样子。

"而宋荣子犹然笑之。"又上去一层,因为前四者都基于外在的评判,宋荣子已有独立的是非标准,故"举世而誉之而不加劝,举世而非之而不加沮"。然而宋荣子尚属人界,而列子已渐入仙界。"列子御风而行"当为庄子的想象,后世道教乃执以为实。"泠然善也",泠然是轻曼美妙,善当自以为是,洋洋得意。宋荣子"于世"虽然层次稍高,尚在世间法之内;列子"于致福者"否定世间法,而仍属有为法。"数数然也",贪著计较而有所求,未能上窥高一层次境界。"列子御风而行"虽然解脱了部分的地心引力,而"有待"仍为其失。

在战国时已有类似于飞机的实验,可与庄子的想象印证。《墨子·鲁问》:"公输子削竹木以为鹊,鹊成而飞之,三日不下。公输子自以为至巧。子墨子谓公输子曰:'子之为鹊也,不如翟之为车辖,须臾斫三寸之木,而任五十石之重。故所为巧,利于人谓之巧,不利于人谓之拙"(参见《韩非子·外储说》左上)。子墨子和公输子的分歧,在于以解决民生困苦为主还是以发展航天技术为主,至今仍是发展中国家需要平衡的问题。

《庄子》内七篇含有儒道两家大弟子的进步路线。一为颜回，从《人间世》"坐驰"到《大宗师》"坐忘"。一为列子，从《逍遥游》"有待"到《应帝王》"纷而封哉，一以是终"。

> 若夫乘天地之正，而御六气之辩，以游无穷者，彼
> 且恶乎待哉！故曰：至人无己，神人无功，圣人无名。

天地之正，正犹止于一，于《易》相应于卦。六气之辩有数说（《经典释文》引司马彪谓阴阳风雨晦明，引支道林谓天地四时），辩犹分辨，于《易》相应于爻。由天地而及人，卦爻变化，犹《易》时乘六龙以御天。游无穷而恶乎待，正辩者，犹正变也。至人、神人、圣人，可通可别。通者一也，别者有极深之意，参见拙稿"《天下篇》析义"。无己内圣，无功外王，无名由德而道，由形下而形上，乃相应于立德、立功、立言。

> 尧让天下于许由，曰："日月出矣，而爝火不息。
> 其于光也，不亦难乎。时雨降矣，而犹浸灌，其于泽也，
> 不亦劳乎？夫子立而天下治，而我犹尸之。吾自视缺然，
> 请致天下。"

奥运会开幕式一般都在傍晚至入夜时分举行，就是为了避开日月之光与爝火（火炬）之光的矛盾。奥运圣火的熊熊燃

烧，必须借助于黑夜的衬托，否则"其于光也，不亦难乎"。"吾自视缺然"，自己看自己觉得惭愧，《易》所谓"撝谦"之象。

　　许由曰："子治天下，天下既已治也，而我犹代子，吾将为名乎？名者，实之宾也，吾将为宾乎？鹪鹩巢于深林，不过一枝；偃鼠饮河，不过满腹。归休乎君，予无所用天下为。庖人虽不治庖，尸祝不越樽俎而代之矣。"

　　儒道于名实之辩有分歧，道家重由实而名，儒家务由名而实。许由是道家人物，故曰"名者，实之宾也"，且居其实，不居其名，决不自处于宾。"鹪鹩巢于深林，不过一枝；偃鼠饮河，不过满腹。"参考《红楼梦》九十一回："任凭弱水三千，我只取一瓢饮。""归休乎君，予无所用天下为。"算了，你还是回去吧，天下对于我没有什么用。"庖人虽不治庖，尸祝不越樽俎而代之矣。"乃"君子思不出其位"（《易·艮》、《论语·宪问》）之象。

　　肩吾问于连叔曰："吾闻言于接舆，大而无当，往而不返。吾惊怖其言，犹河汉而无极也；大有迳庭，不近人情焉。"连叔曰："其言谓何哉？"

肩吾、连叔、接舆三次转折，以此作为铺垫，接通上下层之联络。肩吾在此处是初学者。连叔过渡，是传言者或解释者。接舆亦即楚狂接舆，乃道家骨灰级人物。"大而无当，往而不返"，处下层以观上层，完全不能理解。"惊怖其言，犹河汉而无极也"，必达此超然的想象力，方可打开禁锢之思维。

曰："'藐姑射之山，有神人居焉。肌肤若冰雪，绰约似处子。不食五谷，吸风饮露，乘云气，御飞龙，而游乎四海之外。其神凝，使物不疵疠而年谷熟。'

"藐"为辽远，"姑射"为想象中的地名，《山海经》称在寰海之外，或云有两姑射。"肌肤若冰雪，绰约似处子"，气静神寒之象。"不食五谷，吸风饮露"，至清至纯，对营养的要求完全不同。"乘云气，御飞龙，而游乎四海之外。"此之谓"逍遥游"。"其神凝，使物不疵疠而年谷熟。"极深，乃庄子"相天"之道。后世道教有所谓"三尼医世功法"者，亦可归属于此。

吾以是狂而不信也。"

达成上下层之沟通。于文学而论，此段章法即钱钟书所谓："记其事而复言理所必无，即欲示事之真有；自疑其理，正所以坚人之信其事"（《管锥编·太平广记》卷四五九）。

> 连叔曰："然。瞽者无以与乎文章之观，聋者无以与乎钟鼓之声。岂唯形骸有聋盲哉，夫知亦有之。是其言也，犹时女也。之人也，之德也，将旁礴万物以为一。世蕲乎乱，孰弊弊焉以天下为事？之人也，物莫之伤，大浸稽天而不溺，大旱金石流土山焦而不热。是其尘垢秕糠，将犹陶铸尧舜者也。孰肯以物为事。"

"瞽者无以与乎文章之观，聋者无以与乎钟鼓之声。岂唯形骸有聋盲哉，夫知亦有之。"于人群而言，不同心性之人，认知程度必然不同。且于美学而言，此即所谓不但需要美，而且需要欣赏美的眼睛。"犹时女也"有二解：一，"那你还是过去的你啊"（"女"释为"汝"），言下之意是"你怎么一点也没有进步啊"。二，"那你就像待嫁的处女啊"（"女"释为"女"），言下之意是"你怎么一点也没有见过世面啊"。二解不同，似当以一为主。"之人也，之德也，将旁礴万物以为一。"这是贯通的景象，也是至人或神人的境界。"世蕲乎乱"，谓社会上各方面因素（尤其是人心）都趋向于乱，盖见及乱几已萌，非人力可挽回，故"孰弊弊焉以天下为事"。"弊弊",谓焦头烂额。"之人也,物莫之伤,大浸稽天而不溺,大旱金石流土山焦而不热。"此由《老子》五十章"盖闻善摄生者,陆行不遇兕虎"云云而来,影响后世道教的发展,以其无死地也。"是其尘垢粃糠,将犹陶铸尧舜者也。"此犹全息理论,可比拟今所谓"克隆人"(clone)。"孰肯以物为事",探讨生命起源是人生的本分,对世事不愿过于执著,亦题中应有之义。

> 宋人资章甫而适诸越,越人断发文身,无所用之。

我们现在的"全球化"就是这样一点一点开始的。宋人跑到越国去卖帽子,也算是当时的"国际贸易"了。"章甫"是礼帽,可以算当时的高级时装,《论语·先进》所谓"端章甫,愿为小相焉"。这么好的东西,在越国竟然卖不动,这是投资失败的例子。宋人动机很好,想赚一些钱,获得经济上的成功。但是他不了解市场,未能调查研究,下海呛了一口水。

在传说中,宋人就是商人。殷商为周所灭,其后代分成两路:一部分划地安置,就是宋人;一部分散布天下,只能以贸易为生,就演变为商人。商人在古代社会地位不高,《国语·齐语》所谓"士农工商,谓之四民"(亦见《管子·小匡》），商人位居四民之末。宋人在东周各国中地位也不高，往往是先秦寓言的嘲笑对象，比如《庄子》本段及下段、《孟子》之揠苗助长、《韩非子》之守株待兔。这和世界史上犹太人和以色列的情形有所相似。犹太人就是商人，以色列就是宋。犹太人颠沛流离，深知民族生存的命脉有两条：经济和知识，故重视金融，重视教育，而知识尤先于经济。影响人类历史的大学者中往往有犹太人，决非偶然。宋人在春秋时也搞过一次复兴运动，那是讲"仁义"的宋襄公企图称霸，但没有得到当时超级大国晋、楚的支持，被楚成王镇压了下去。宋人的后代中也出了一位大学问家，那就是"万世师表"的孔子。宋襄公唐·吉诃德式的倔脾气也部分为孔子所继承，天下又哪里治理得好呢？但孔子栖栖遑遑一生，从来没有放弃过努力。

> 尧治天下之民，平海内之政。往见四子藐姑射之山，汾水之阳，窅然丧其天下焉。

"窅然丧其天下焉"，此即"若有所失"情感之扩大。藐姑射之山，犹如音乐性的存在。天地间生物之美竟然能达到如此地步，那我操劳一生究竟干了些什么呢？于是尧终日辛辛苦苦地捧在手中的珍贵物品——天下，不知不觉地脱手掉在了地下。摔碎了没有呢？没有。它还原成泥，还原成水，还原成鲲鹏展翅所欲到达的南冥，也还原成庄子的净土。

> 惠子谓庄子曰："魏王贻我大瓠之种，我树之成而实五石。以盛水浆，其坚不能自举也。剖之以为瓢，则瓠落无所容。非不呺然大也，吾为其无用而掊之。"

惠子与庄子辩论，于全书共七段，此为第一段。有用、无用之辩，乃主题之一。惠子者，执有用而失之，庄子者，无用之大用。有用之用犹"发展是硬道理"、GDP增长之类，无用之用犹思补南极上空臭氧层之大洞，走低碳化道路。又海德格尔1962年在某次演讲中曾引用此节，可作为影响研究之一例。

> 庄子曰："夫子固拙于用大矣。宋人有善为不龟手之药者，世世以洴澼絖为事。客闻之，请买其方百金。聚族而谋曰：'我世世为洴澼絖，不过数金，今一朝而鬻技百金，请与之。'客得之，以说吴王。越有难，吴王使之将。冬与越人水战，大败越人，裂地而封之。能不龟手一也，或以封，或不免于洴澼絖，则所用之异也。

惠子思想限于世间法，庄子兼及出世间法。固拙于用大矣，盖未知无用之用。且交换仍有其作用，因在宋人（又是宋人！）手中，此物未尽其所用。客为价值发现者，其低买高卖所获的超额利润，乃承担风险的报酬。又所谓的市场经济，即此类零星交换的整体化，且提供了降低交易成本的条件。又战争首先必须维持前方士兵的生存，故有"兵马未动，粮草先行"，"外行看战略，内行看后勤"之说。

> 今子有五石之瓠，何不虑以为大樽，而浮乎江湖。而忧其瓠落无所容，则夫子犹有蓬之心也夫？"

《论语·公冶长》孔子曰："道不行，乘桴浮于海。"而庄子以大樽而浮于江湖，本身就是行道，《山木》所谓"乘道德而浮游"是也。"夫子犹有蓬之心"，犹《孟子·尽心下》所讥"今茅塞子之心矣"。

> 惠子谓庄子曰："吾有大树，人谓之樗。其大本拥肿而不中绳墨，其小枝卷曲而不中规矩。立之涂，匠者不顾。今子之言，大而无用，众所同去也。"

此庄、惠辩论之第二段。于前引《墨子·鲁问》之外，尚可引《韩非子·外储说》左上："墨子为木鸢，三年而成，蜚一日而败。弟子曰：'先生之巧，至能使木鸢飞。'墨子曰：'不如为车輗者巧也，用咫尺之木，不费一朝之事，而引三十石之任，致远力多，久于岁数。今我为鸢三年成，蜚一日而败。'惠子闻之曰：'墨子大巧，巧为輗，拙为鸢。'"亦在判断如何是有用或无用。"立之涂，匠者不顾。"亦即《人间世》"匠伯不顾，遂行不辍"，故栎社树见梦以解之。

> 庄子曰："子独不见狸狌乎？卑身而伏，以候敖者，东西跳梁，不辟高下，中于机辟，死于网罟。今夫斄牛，其大若垂天之云，此能为大矣，而不能执鼠。

狸狌即黄鼠狼。"以候敖者"，伏击出行的猎物。斄牛无用，乃以不材终其天年。

> 今子有大树，患其无用，何不树之于无何有之乡，广莫之野，彷徨乎无为其侧，逍遥乎寝卧其下。不夭斤斧，物无害者。无所可用，安所困苦哉！"

无何有之乡，广莫之野，多维空间之象。彷徨、逍遥可对举互释，而"逍遥游"者，尚另有其义。所谓逍遥者，乃消摇也（《经典释文》）。消犹消释，摇犹松散，且消即摇也，摇即消也，亦即在行动中消除旧业，试比较《安般守意经》"是应空定意随道行"。成玄英疏序引顾氏云："道者，销也。遥者，远也。销尽有为累，远见无为理。以斯而游，故曰逍遥。""无所可用，安所困苦哉"，重获自由之象。

# 《齐物论》析义

解题：篇名《齐物论》，历来有二解：一，"齐物"连读，"论"为论说；二，"物论"连读，"齐"则整顿之。于全文二解皆可通，庄书整齐百家之言，语语似落实于后，而主旨当归于前。尚有兼齐物与论之说，钟泰《庄子发微》："齐物论者，齐物之不齐，齐论之不齐也。"全篇尤要者，在"今者吾丧我"，为整部庄书之关键，余闻师云。

南郭子綦隐几而坐，仰天而嘘，苔焉似丧其耦。

南郭子綦，南郭是号，子綦是字。凡内城曰城，外城曰郭。而南者，"雍也可使南面"（《论语·雍也》）也。子是美称。綦是青黑色，与丝缕布帛有关，用作系鞋的带子。引申为足印，标准，且一通基，一通极。此人以后又在庄书他处出现，其名多次改变，含有深微之变化。

南郭子綦是寓言人物，在历史上也有其影子，成玄英称他为"楚昭王之庶弟，楚庄王之司马"。庄王（公元前613年—公元前591年在位）和昭王（公元前515年—公元前489年在位）年代不相接，成说可能有感于"雍也可使南面"而发挥。他出身于楚国王族，政治上有大好前途，这时候在干什么呢？"隐几"。隐为凭靠，古人席地而坐，"隐几"就是凭靠几案。几，一本作机，《易》涣九二有"涣奔其机"。当涣散之时，入庙以奔其机，据此聚集己之精神，亦以聚集人心。且破字而读，尚可有深义。以《易》而论，所谓"隐几"者，隐于幾（几）也。《系辞下》："幾（几）者动之微，吉之先见者也。"若与《缮性》"隐故不自隐"相合，乃成最深密的两大隐象，远在"大隐隐朝市"（王康琚《反招隐》）之上。

"仰天而嘘"，思考并且消化历史事实，吐出很长的一口气，盖旧气已尽，吐故纳新。"苔焉似丧其耦"，一说神凝气充的形象，一说垂头丧气的形象。两义亦可相成，前者由出世间法而言，后者由世间法而言。"苔焉"是解脱的身心状态，四肢百脉都放松了。"苔"一作"嗒"，可以指特殊的时空点，凡悟知识、谈恋爱皆有此关键时刻，前后有质变的不同。《红楼梦》第四十九回引《西厢记》："是几时孟光接了梁鸿案"？"似丧其耦"指消除了对立状态，物我无二，身心合一。耦指身体，《经典释文》引司马彪云："身与神为耦。"

颜成子游立侍乎前，曰："何居乎？形固可使如槁木，心固可使如死灰乎？今之隐几者，非昔之隐几者也？"

悟道以后气氛不同，感染到周围之人，引动了发问。颜成子游，《释文》引李云："姓颜，名偃，谥成，字子游。"偃是朝天仰卧的舒展状态，游可联系于神游。老师"隐几"而弟子"立侍乎前"，乃尊师之象，盖不仅"入门"而"升堂"，并且已"入室"（《论语·先进》），故能发出极深之问。

"何居乎"？"居"为安立之处，犹根据、原因，《释文》引司马彪云："犹故也。"虽然老师人就在眼前，但是他想些什么，学生却看不清楚了。为什么会出现这种情形呢，你究竟在哪个境界中呢？"形固可使如槁木，心固可如死灰乎"？"固"，难道真可以做到吗？"形如槁木，心如死灰"，于庄书中数数见之，乃修道人之形象，也暗示修习的过程，将体内气息化除至零。《田子方》："向者先生形体掘若槁木，似遗物离人而立于独也。"《庚桑楚》："身若槁木之枝而心若死灰。"那样的人过去以为只不过是传说，如今却亲眼见到了。"今之隐几者，非昔之隐几者也"？现今的"我"和过去的"我"，是同是异？身形尚是故我，思想却脱胎换骨。《肇论》记梵志归乡，曰："吾犹昔人，非昔人也。"（《物不迁论》）

子綦曰："偃，不亦善乎，而问之也。今者吾丧我，汝知之乎？女闻人籁而未闻地籁，女闻地籁而未闻天籁夫。"

"不亦善乎，而问之也。"你问得非常好啊！提出问题深入一步，就是学问的进境。"今者吾丧我"，是理解《齐物论》之关键，也是理解《庄子》之关键。"吾丧我"乃上出气通之象，庄子之显在此，庄子之密也在此。盖"我"者尚存小我之隔阂，丧谓消化乃至消失（sich verlieren）；若"吾"者，物我无间，天人合一也。"女闻人籁而未闻地籁，女闻地籁而未闻天籁夫。""三籁"由《易经》天地人而来，也是《齐物论》辗转演绎之要。

子游曰："敢问其方。"

完全没有听懂，不知道在说什么，请稍稍指点一下。"敢"为敬词，亦即"不敢"。

> 子綦曰："夫大块噫气，其名为风。是唯无作，作则万窍怒呺。而独不闻之翏翏乎？山林之畏佳，大木百围之窍穴，似鼻，似口，似耳，似枅，似圈，似臼，似洼者，似污者；激者，謞者，叱者，吸者，叫者，譹者，宎者，咬者。

《齐物论》此段是先秦典籍中描写风的最佳篇章，其次有宋玉的《风赋》。"大块"指大自然，《释文》引司马彪云："大朴之貌。"《大宗师》："夫大块载我以形，劳我以生，佚我以老，息我以死。""噫气"，《说文解字》："噫，饱出息也。"大块酝酿到了一定时候，会长长地吐出气来。而且不动倒还罢了，一旦动了，"万窍怒呺"。呺读háo，通于号；亦读xiāo，通于啸。"之翏翏"，翏读liù，一读lù，悠长的风声。畏佳（cuī），黑黝黝，深静而参差不齐。"似鼻"八句形容窍穴的形状，"激者"八句形容风吹的声音，刻画入微。枅（jī），一种木制的长形酒杯。枅口为方，圈口为圆，臼口为浅。洼是深池，污是小池。謞（xiào），箭去之声。譹，嚎哭的声音。宎（yǎo），低吟的声音。

前者唱于而随者唱喁。泠风则小和，飘风则大和，厉风济则众窍为虚。而独不见之调调、之刁刁乎？

"前者唱于而随者唱喁"，犹音乐之和声，前后相随，彼此呼应。"泠风则小和"犹协奏曲，"飘风则大和"犹交响乐。"厉风济则众窍为虚"极妙，风刮过之后再去看那些洞穴，竟然是空的。一场音乐会结束后，观众往往急着散场走人，有谁能到空无一人的乐池中，再听一听呢？泠风是小风，飘风是大风，厉风是烈风。济有完成、中止义，《易》有既济、未济，此处指风停息下来。"而独不见之调调、之刁刁乎"是余音，一场大风由此渐渐收住。"之调调"扬、"之刁刁"抑，呼应"之翏翏"起，有起承转合的顺序。

子游曰："地籁则众窍是已，人籁则比竹是已。敢问天籁。"子綦曰："夫吹万不同，而使其自已也，咸其自取，怒者其谁邪？"

"地籁"落实于众窍，"人籁"落实于比竹。然而"天籁"谓何？通观全篇，竟无一处完全指实，而处处激荡，构成极大的悬念。"夫吹万不同，而使其自已也，咸其自取"，当释氏所谓"自业所造"。"怒者其谁邪"，为极大的疑问，犹待参之禅机。而参透"天籁"为何，乃丧我而达成吾。

大知闲闲，小知间间。大言炎炎，小言詹詹。

以上是全篇引子，此处进入正文。往昔余从学于施蛰存先生，先生谓标点古书，上引号容易点，因为有"某某曰"的标记，而下引号很难点，因为不知道何时结束。今观庄书此处，亦可当其一例。"大知"以下，难以判断是否为子綦的话。即使划入此段，还是难以判断"非彼无我"以下归属。总之越往下越不像，但也没有充分的理由划出。虽然"大知"以下可以不算，却还是和上文有关。好比小提琴协奏曲，开始以钢琴或其他乐器作引子，而现在为小提琴进入，与前文似联系非联系，自然而然地形成应答。子綦提出天地人三籁，子游明白了地籁，似乎也明白了人籁。然而人籁并非仅仅指比竹，还可引申指人间世一切声音，所以子綦继续向上开拓。

"闲闲"，从容不迫；"间间"，隔阂局促。"炎炎"，其气上腾，光明而猛烈。一本作"淡淡"，则与"闲闲"相应。"詹詹"，啰里啰嗦或喋喋不休。此段小大之辩，历来有两解。或谓一褒一贬，犹《逍遥游》对比鲲鹏和蜩与学鸠；或谓两者皆贬，犹郭象注等视鲲鹏和蜩与学鸠。参详文意，似以双贬之说为长。王夫之《庄子解》："闲闲者亦间间耳，炎炎者亦詹詹耳。以闲闲陵小知而讥其隘，以间间伺大知而摘其所略。以炎炎夺小言之未逮，以詹詹翘大言之无实。"又"大言炎炎"鼓舞人心，列宁、孙中山演说有此象，此偏重于纲领、原则，且举重若轻。"小言詹詹"落实于具体，此千头万绪，则又举轻若重，后人评诸葛亮所谓"与凡人言教宜碎"（《晋书》卷八十八《李密传》）是也。

其寐也魂交，其觉也形开。

前句向内，由身而心；后句向外，由心而身。"魂交"指交涉、交代，整理身心获得的信息，《释文》引司马彪云："精神交错也"；整理过程中发生的泡沫就是梦。"形开"指每天醒来起床活动，兴兴头头地拥抱太阳。《释文》引司马彪云："目开意悟也。""形开"之"开"，可以举出三例。一，跳水运动员在空中由屈曲而伸展的一瞬间，术语为"打开"。二，举重运动员试举的第一把叫作"开"，过轻或过重皆不相宜。开于何处，关涉运动员如何调整体能，冲击顶峰，也是教练殚精竭虑思考的问题。一个人每天醒来想做的第一件事就是"开"，可自察自觉之，此处有其"几"。三，海德格尔谓希腊"自然"（physis）一词，原义为"涌现"（aufgehen）（《形而上学导论》，熊伟、王庆节译，商务印书馆，1996年版，第16页；《林中路》，孙周

兴译，上海译文出版社，1997年版，第26页）。可参考佛学所谓
"自显现"，"自解脱"。凡日升月落、植物更生等等，皆为
"涌现"，"涌现"即"开"。

　　　　与接为构，日以心斗。

　　接构可以比拟结构，即后世结构主义（structuralism）之
"结构"。所不同的是，结构偏重于自然领域，接构偏重于社
会领域；结构偏重于静态，接构偏重于动态。与人奋斗，输攻
墨守，应变无方，故曰"接构"也。

　　　　缦者，窖者，密者。小恐惴惴，大恐缦缦。

　　缦者，窖者，密者，是三种接构形式，也是三种心理状态。
缦者遮遮掩掩，不想被别人知道。窖者深于缦者，很少流露出
来，然而自己知道。密者更深于窖者，它甚至隐瞒过普通的自
省，本人也不知道。然而密者最宜注意，《中庸》所谓"莫见乎
隐，莫显乎微"，修治不及处即此，而最宜修治处亦此。《说
文》以"山如堂者"为密，有森严之象。密通宓，意为静寂和安
定，可参照《系辞上》"圣人以此洗心，退藏于密"。"惴惴"
是小的恐惧，志忑不安，上海人所谓"得得动"。"缦缦"是大

的恐惧，"缦"通"漫"，所谓"魂飞魄散"。

　　其发若机栝，其司是非之谓也。其留如诅盟，其守
胜之谓也。

　　前句犹攻击别人的不足，马上就看见了。后句犹保护自己
的缺点，无论如何不肯正视或承认。

　　其杀若秋冬，以言其日消也。

　　一生就是这样攻与守，与生俱来的生命力渐行渐消。要知
道人天生有其纯真和美好，道家所谓的阳气，即使坏人也有其
童年和少年时代呵。秋冬时节，气温下降，尽管也有比较暖和
的时候（比如"十月小阳春"），总趋势却是一天比一天冷。

　　其溺之所为之，不可使复之也。

　　而消到极致，沉溺过深，似乎不可能恢复了，犹释氏"一
阐提"之象。

　　其厌也如缄，以言其老洫也。

"厌"指闭塞，无反应，"缄"指封闭，"洫"指惑乱、败坏，《则阳》亦云："所行之备而不洫。"犹如一些老的官僚机构，死气沉沉，针插不入，水泼不进，且拒绝任何改革，犹如伤口外表结痂而内部溃烂。

　　近死之心，莫使复阳也。

无所感应，犹儒家所斥"不仁"，释氏所斥"焦芽败种"。《牡丹亭》中腐儒陈最良自矜："六十来岁，从不晓得伤个春"（第九出《肃苑》），亦通此象。

　　喜怒哀乐，虑叹变慹，姚佚启态。

《齐物论》十二种情感，与《左传·昭公二十五年》"六情"（好、恶、喜、怒、哀、乐）、《礼记·礼运》"七情"（喜、怒、哀、惧、爱、恶、欲）比较，有同有异。"喜、怒、哀、乐"四种大体相同，其余数种有异。"虑、叹、变、慹"偏于阴，"姚、佚、启、态"偏于阳。"虑"指考虑得太多，孔子评"三思而后行"曰："再，斯可矣"（《论语·公冶长》）。"叹"指散布悲观气氛，凡事都有两面，他只愿意相应于消极方面。又虑注重未来，叹注重过去。"变"指容易受影响，没有确定的主见，一会儿这样，一会儿那样。"憨"指钻入牛角尖，顽固不肯改变，消沉麻木，无动于衷。"姚"，轻浮。"佚"，纵逸。"启"，放荡。"态"，假惺惺，故作姿态，今所谓"作秀"。

乐出虚，蒸成菌。

音乐似从空无中来，苏轼《为沈君〈十二琴说〉作诗》："若言琴上有琴声，放在匣中何不鸣？若言声在指头上，何不于君指上听？"林中雾气缭绕，何时出现了蘑菇呢？耳闻目睹，人世万象，千奇百怪，何以如此？无中生有，不知不觉，令人想不明白。

日夜相代乎前，而莫知其所萌。已乎，已乎，旦暮得此，其所由以生乎。

"日夜"、"旦暮"，阴阳变化的自然现象。"日夜"从"莫知"而言，阴阳循环变化，无法推寻其根，犹《德充符》"知不能规乎其始"。"旦暮"从"得此"而言，盖以不知知之，即《齐物论》之法。

非彼无我，非我无所取。是亦近矣，而不知其所为使。

"非彼无我，非我无所取。"郭象注："彼，自然也。自然生我，我自然生。故自然者，即我之自然，岂远之哉。"彼、我既对立，又相成，有彼方有我，有我方有彼。"取"为我之特征，有取有舍，乃成生命之纷繁。于人类而言，取亦即汉字"私"之象（参见拙稿《〈说文解字〉析义》，见《渔人之路和问津者之路》，复旦大学出版社，2006年版）。《儒林外史》第六回严监生临死前尚要去掉一根灯芯，虽万般将不去，而取心仍存。梵语人或众生Pudgala一词，音译"补特迦罗"，意译"数取趣"，谓频繁往来诸道，亦"咸其自取也，怒者其谁邪"。"是亦近矣，而不知其所为使。"用彼我对立的循环论证，似乎接近真实了，但尚属二分而未成一元。与前文"日夜"相应于天地不同，"彼我"相应于人。"近"则尚未是，因"是"不可言说。"不知其所为使"，盖不知其原动力，亦即"日夜"相代而"莫知其所萌"。彼我如此活跃，比如求名逐利，成佛修仙，其背后总根源何在呢？由此起而追索，故有"悬解"之说（《养生主》、《大宗师》）。

　　　　若有真宰，而特不得其眹。可行己信，而不见其
　　形，有情而无形。

　　"若有真宰，而特不得其眹"，彼我之间，似乎有看不

见的根源，那就是"真宰"。宰者，主也。特，唯独。朕，朕兆，显示出来的痕迹。"可行己信，而不见其形，有情而无形"，从彼我对立和交流中，可以察知其存在。森罗万象，冲漠无朕，虽不见其形，犹能感受信息。"有情"指"可行己信"，"无形"指"不见其形"。马王堆帛书《黄帝四经·称》："道无始而有应。"张伯端《悟真篇·性地颂》："视之不可见其形，及至呼之却又应。"

百骸、九窍、六藏，赅而存焉。吾谁与为亲，汝皆说之乎？其有私焉？如是皆有为臣妾乎？其臣妾不足以相治乎？其递相为君臣乎？其有真君存焉？如求得其情与不得，无益损乎其真。

"百骸、九窍、六藏，赅而存焉。"由外物返回人身，此周身各器官之象。赅谓完整，备也，以唯识学而言，犹前六识。百骸，用《系辞下》"百物不废"（《礼记·祭法》"黄帝正名百物"，《乐记》"百体"）之数，成玄英疏"百骨节也"，内外对应。九窍，相对于脸部的眼耳口鼻"七窍"（六加一，《应帝王》言及七窍）而言，多身体上的两窍。《周礼·天官·疾医》注："阳窍七，阴窍二。"六藏，相对于五藏而言，因肾有二藏，左曰肾，右曰命门。不用七窍、五藏者，用九、六之数，相应于《周易》九六爻变。"吾谁与为亲？汝皆说之乎？"犹引入第七识、第八识。"吾"乃我之我，"汝"乃彼之我，吾与汝不得不有待而相成。"汝皆说之乎"和"其有私焉"似乎矛盾，然而天地无私而不仁，亦无偏爱。"如是皆有为臣妾乎？其臣妾不足以相治乎？其递相为君臣乎？"五行生克之象。"其有真君存焉？"真君与真宰有联系有区别，非二非一，真宰由彼而言，真君由我而言。又"真宰"于自然而言道，"真君"于生物而言德。然而"真宰"、"真君"皆不可执，故曰"若有"、"其有"，盖释氏所谓假言施设，未可执实。以后道教造神，亦往往以"真君"为名。《解深密经》卷一："阿陀那识甚深细，一切种子如瀑流。我于凡愚不开演，恐其分别执为我。""如求得其情与不得，无益损乎其真。"此即"真宰"、"真君"之本体特征，不为尧存，不为桀亡，其情无论得与不得，皆无益损。且众生皆有佛性，一阐提亦有佛性，参考《圆觉经》六"清静慧菩萨"章次论"如来随顺觉性"："善男子，一切障碍即究竟觉。得念失念，无非解脱。成法破法，皆名涅槃。智慧愚痴，通为般若。菩萨外道所成就法，同是菩提。无明真如，无异境界。诸戒定慧及淫怒痴，俱是梵行。众生国土，同一法性。地狱天宫，皆为净土。有性无性，齐成佛道。一切烦恼，毕竟解脱。法界海慧，照了诸相，犹如虚空。此名如来随顺觉性。"

一受其成形，不亡以待尽。与物相刃相靡，其行尽
如驰，而莫之能止，不亦悲乎。终身役役而不见其成功，
苶然疲役而不知其所归，可不哀邪。

"一受其成形，不亡以待尽。"未受其成形即大化，一
受其成形即彼我，于是我与大化相隔离，且保持其性状直至死
亡。"一受其成形"，生也；"不亡"，持守，其间有老病；
"亡"、"尽"，死也。有成必有毁，有生必有死。"与物相
刃相靡"，与外物未分则不必言合，而有分则有合。在"受其
成形"、"不亡"（"我"）之阶段，与外物（"彼"）接
触，就是"相刃相靡"。相刃，相切割，也就是克；相靡，相
顺从，也就是生。"相刃相靡"接合处，就是所谓"刀锋"，
后世禅家"如临深渊，如履刃锋"似之。"一受其成形"是开
始，"不亡以待尽"是过程，"其行尽如驰"是结束。"如
驰"指"不亡"阶段非常短暂，《知北游》所谓"人生天地之
间，若白驹之过郤，忽然而已"。因为"一受其成形"（包括
"物"或"人"），就必须受时空的限制，你在 kill time，而
time 也在 kill 你。"而莫之能止，不亦悲乎。""相刃相靡"
速度极快，犹如《新龙门客栈》中蛮子伙计解尸，"唰唰唰"
几十刀下来，人就只剩下一具枯骨了。不要这么快，不要这么
快，行吗？歌德《浮士德》结束时感叹："真美呀，你停一

停！"（钱春绮译，上海译文出版社，1982年版，第706页）又怎么可能呢。政治家如孙中山、毛泽东，大学者如康德、马克思，文学家如鲁迅、钱钟书，如果将其事业与愿望相比，皆有不得已之缺憾。《论语·述而》子曰："假我数年，五十以学《易》，可以无大过矣。"假者借也，于此不可必，属于虚拟语气。"终身役役而不见其成功，苶然疲役而不知其所归，可不哀邪。"此为虚妄的自设目的所困，故成毛驴推磨之象，《关尹子·一宇》："以盆为沼，以石为岛，鱼环游之，不知其几千万里而不穷也。"某年春节，余曾见一楹联："年年失望年年望，事事难成事事成。"深叹其妙，流连久之。"苶（nié）然疲役"者，未知养生之象。"不知所归"者，未能回家也。

　　人谓之不死，奚益？其形化，其心与之然，可不谓大哀乎？人之生也，固若是芒乎？其我独芒，而人亦有不芒者乎？

　　"人谓之不死，奚益？其形化，其心与之然，可不谓大哀乎？"人如果就这样活着，有什么意思呢？生老病死，身体一点点在变化，心也不得不跟随变化，真是可悲啊（参考《论语·季氏》："戒之在色，戒之在斗，戒之在得"）。人生有其不朽的愿望和冲动，然而又有什么用呢？《老子》第三十三章："不失其所者久，死而不亡者寿。"其意何指，当深思之。臧克家《有的人》："有的人死了，他还活着。有的人活着，他已经死了。""人之生也，固若是芒乎？"人生真是这样没有意义吗？芒者，昧也，惑也。释氏谓人因烦恼而有身，生与惑相伴而行。"其我独芒，而人亦有不芒者乎？"是我一个人迷惑呢，还是所有人都迷惑呢？人群中还有不迷惑的人吗？然则若解其迷惑，即成觉悟之象。

　　夫随其成心而师之，谁独且无师乎？奚必知代而心自取者有之？愚者与有焉。未成乎心而有是非，是今日适越而昔至也。是以无有为有。无有为有，虽有神禹且不能知，吾独且奈何哉。

"夫随其成心而师之，谁独且无师乎？"成心指相合个人遗传基因之思想结构，亦即执著之心，也就是我。执著成心而未能化除，于是产生各种是非。谁独（whoever）为强调语气。"奚必知代而心自取有之"，"知代"谓已知变化，孟浩然所谓"人事有代谢，往来成古今"（《与诸子登岘山》）。而"心自取"又限制变化，仅截取其中一段以成理论，此智者之失。"愚者与有焉。"智者即前之大知，愚者即前之小知，当双遣之。有成心乃有成见，后世儒家亦有化除成心之说。张载《正蒙·大心》："成心忘然后可进于道，成心者，私意也"；"化则无成心矣，成心者，意之谓与"；"无成心者，时中而已矣。"成心为物论是非之根。"齐物论"者，以释氏而言，乃"平等性自解脱"也。"今日适越而昔至也"谓不可能，此名家惠施之辩题，亦见《天下篇》。庄子乃因粮于敌，顺手一击。"以无有为有"极深，指原来无有，而执著为有即成心，物论是非所由起。如果逆向上出，化有为无有，乃成"今者吾丧我"。如果执著于有，相因无穷，再高的智慧也不能知，巧历而不可得。"禹"治水有功于民，且知堵塞不如疏导，故尊之为"神"。以儒墨之是非而言，儒家上推至于尧舜，墨家上推至于禹。

夫言非吹也，言者有言，其所言者特未定也。果有言邪，其未尝有言邪？其以为异于鷇音，亦有辩乎？其无辩乎？道恶乎隐而有真伪？言恶乎隐而有是非？道恶乎往而不存？言恶乎存而不可？道隐于小成，言隐于荣华。

"夫言非吹也，言者有言，其所言者特未定也。"大块噫气与人之噫气不同，吹为自然之音声，言则有其特定内容。众声喧哗，说可以随便说，只是和被说的事物未必相应罢了。参考《大宗师》："夫知有所待而后当，其所待者特未定也。""果有言邪，其未尝有言邪？其以为异于鷇音，亦有辩乎？其无辩乎？"
言只是自然的声音呢，还是确实有其内容？和叽叽喳喳的鸟鸣，
有区别呢，还是没有区别？鷇（kòu）音，初生小鸟的鸣声，有
其天然的生气。于"亦有辩"和"其无辩"两端，反复摇摆清
洗，解消其间质碍。"道恶乎隐而有真伪？言恶乎隐而有是非？
道恶乎往而不存？言恶乎存而不可？"道隐则真伪显，言隐则是
非显，真伪显则道不存，是非显则言不可。盖道无往而不在，言
无说而不可。隐亦即有所遮蔽，未能见及真相（aletheia）。"道
隐于小成，言隐于荣华。"小成者，有所得而局限于得，各以一
隅之见，欲拟万端之变。《天下篇》所谓道术裂为方术，用于局
部或有效，施于整体则出大问题。荣华者，《老子》曰"知者不
言，言者不知"（五十六章），又曰"信言不美，美言不信"
（八十一章）是也。

故有儒墨之是非，以是其所非而非其所是。欲是其
所非而非其所是，则莫若以明。

儒主仁爱，墨主兼爱，仁爱由近及远，兼爱远近平等。前
者合于人情而扩充之，所谓"老吾老以及人之老，幼吾幼以及人
之幼"（《孟子·梁惠王上》）；后者陈境甚高而难以推行，所
谓"天下兼相爱则治，交相恶则乱"（《墨子·兼爱》）。战国

时代百家争鸣，主要为儒墨相辩，《韩非子·显学》所谓："世之显学，儒墨也。"道家主黄帝以上，所以否定儒主尧舜和墨主禹。"以是其所非"，肯定对方所否定的；"而非其所是"，否定对方所肯定的。"欲是其所非而非其所是"，真要理解非中之是和是中之非，最好的方法是"以明"。亦即还原各自的立场，各是其所是而非其所非，方能是其所非而非其所是。"以明"犹圣者之明心见性，"以"者，太极也；明者，两行也。

> 物无非彼，物无非是。自彼则不见，自知则知之。
> 故曰：彼出于是，是亦因彼。彼是方生之说也。

此节演绎速度极快，仿佛进入华彩乐段。"物无非彼，物无非是。"物总分于彼我。由彼我再深入，乃成彼是。彼是为名家之说，语出《墨经》。伍非百《齐物论新义》："是非生于彼此，彼此相生，循环无端，是非相出，亦卒始无穷。彼非此是，可转易为彼是此非。简称之曰'彼是'，详言之曰'彼出于是，是亦因彼'。""自彼则不见，自知则知之。"由彼非则不知此是，由此是则知此是，然则亦知此非，亦知彼是，亦知彼非，由此上出。"彼出于是，是亦因彼。彼是方生之说也。"彼非出于此是，此是出于彼非，两者同时生起。伍氏公式如下（彼此也可以改成AB）（《中国古名家言》，中国社会科学出版社，1983年版，第654页）：

一、彼者彼也，此者此也。

二、彼者非此，此者非彼。

三、彼者，此之彼而彼之此也。此者，此之此而彼之彼也。

虽然，方生方死，方死方生，方可方不可，方不可方可。因是因非，因非因是。是以圣人不由而照之于天，亦因是也。

生死相待，可（肯定）不可（否定）相待，承认此亦即承认彼，承认彼亦即承认此。因是亦即因非，因非亦即因是，刹那刹那变化，由此而解，犀利无比。"圣人不由而照之以天"，谓是非双遣而各得其所，由"因是"（亦即"因非"）而达高一层次之理。此即刀锋之象，亦即《养生主》"缘督以为经"。

是亦彼也，彼亦是也。彼亦一是非，此亦一是非。果且有彼是乎哉？果且无彼是乎哉？彼是莫得其偶，谓之道枢。枢始得其环中，以应无穷。是亦一无穷，非亦一无穷也。故曰：莫若以明。

"是亦彼也，彼亦是也。"是亦即彼之是，彼亦即是之彼，此亦同理，故"彼亦一是非，此亦一是非"。"果且有彼是乎哉？果且无彼是乎哉？"而彼是之有无，仍悬而未决。"彼是莫得其偶"，谓消除对立面，两两相对且互相乘除，"道枢"犹中心。"枢始得其环中"，而环中又是没有的。郭象注谓"环中"："无是无非，故能应夫是非。"圆转如意，相应无穷。"莫若以明"者，即"因是"也。前者由观而言，后者由行而言。又"因是"由一而言，"以明"由二而言。

> 以指喻指之非指，不若以非指喻指之非指也；以马喻马之非马，不若以非马喻马之非马也。

此意极深，且甚为难明，曾思考良久，盖相应乃至掊破名家言，可比较公孙龙子"物莫非指，而指非指"（《指物论》）与"白马非马"（《白马论》）。以符号（指）来阐明符号不同于非符号（非指），亦即种种具体的事物、关系，不如以种种具体的事物、关系来阐明符号（指）之非符号（非指）。"指"，今称能指，符号；"非指"，今称所指，事物、关系。以马的概念来阐明马的概念不同于真实的马，不如以真实的马来阐明马的概念不是真实的马。"指"与"马"为能指之两面："指"由自然而来，"马"由生物而来；"指"

为抽象方面，"马"为具体方面。"马"为"指"之一例，而如果马亦通"码"（亦即符码或符号），则"指"与"马"意义相同，此间可能存在文字游戏。成玄英疏："指，手指也。马，戏筹也。"又马者，象也，马王堆帛书《系辞》"象"均作"马"，如"圣人设卦、观象、系辞焉而明吉凶"，"象"原作"马"（邓球柏《帛书周易校释》修订本，湖南人民出版社，2002年版，第485页）。"以非指喻指之非指，以非马喻马之非马"，此即后世所谓的"直指"，试图透过语言的局限性，以阐明事物的真相，求其实而不为符号所困。

> 天地一指也，万物一马也。

《系辞》强调形上、形下的变通，结句乃庄子之直指，盖形上就是形下，形下就是形上。指一下，天地显了出来，故尽在一指之中。万物各自成形，故为一马，有其勃勃生机。又阐明天地万物，亦不得不联系于符号，而《易》为中国最原始的符号集。《系辞上》曰："《易》与天地准。"所谓《易》，天地而已；所谓天地，《易》而已。且万物亦如马，各有其一名。《释文》引崔云："指，百体之一体。马，万物之一物。"《说卦》曰："乾为马。"马者，生气也。《逍遥游》曰："野马也，尘埃也，生物之以息相吹也。"此句境界全出，且思辨越进越深，展开炫技式论证。

> 可乎可，不可乎不可。道行之而成，物谓之而然。
> 恶乎然，然于然。恶乎不然，不然于不然。物固有所然，
> 物固有所可。无物不然，无物不可。故为是举莛与楹，厉
> 与西施，恢恑憰怪，道通为一。

"可乎可，不可乎不可。"肯定其所肯定的，否定其所否定的，这就是同一律。"道行之而成，物谓之而然。"天下本没有道路，走过以后，才形成了道路。鲁迅《故乡》："希望是本无所谓有，无所谓无的。这正如地上的路；其实地上本没有路，走的人多了，也便成了路。"物只有被称呼或被命名了，才脱离混沌而显现。"恶乎然，然于然。恶乎不然，不然于不然。"然由是观之，不然由非观之，是是非非，由同一律引申而无穷。"物固有所然，物固有所可。无物不然，无物不可。"一切存在都是合理的，而一切存在都是可以改变的（参见恩格斯《路德维希·费尔巴哈和德国古典哲学的终结》，《马克思恩格斯选集》第四卷，人民出版社，1995年第2版，第215—216页）。"故为是举莛与楹，厉与西施，恢恑憰怪，道通为一。"所谓两极相通（two extremes meet）。莛是横的屋梁（一说小草），楹是竖的屋柱。厉为癞，指丑妇。恢恑（guǐ）憰（jué）怪，各种各样的状

态。恢，宽大；恑，狭窄；憰，巧妙；怪，奇异。

> 其分也，成也；其成也，毁也。凡物无成与毁，复
> 通为一。

此道之变化，亦《易》之变化。《易纬乾凿度》云："易
一名而含三义，所谓易也，变易也，不易也。"郑玄《易赞》
及《易论》"易"作"易简"。两说当以前说为善，而视后说
为发挥。盖统而观之，即"所谓易也"，而"变易也"、"不
易也"乃其不同侧面。又"其分也，成也；其成也，毁也"，
乃庄书甚深洞见。当年余随侍潘雨廷先生，曾闻先生多次念
及，其音至今犹在耳旁。

> 唯达者知通为一，为是不用而寓诸庸。庸也者，用
> 也；用也者，通也；通也者，得也；适得而几矣。

未达者之知，由外入；达者之知，由内出。盖由身而心，
由行而知，故通而为一也。寓诸庸即不用之用，可通之用，亦
即儒家"中庸"之"庸"。庸亦即用，用有作用力和反作用
力，庸得作用力和反作用力之中。用相应于得，然有得必有
失。庸相应于适得，适谓时空相合，乃贯通得失，故曰"则几

矣"。以释家而言，盖"庸"与"适得"相应于"成就"，亦即"几"，乃一得永得云。

因是已。已而不知其然，谓之道。

"因是已"。沿"是"而行，犹沿刀锋而行，此即"圣人不由而照之以天"，"莫若以明"。已为动态之止，犹止于至善。"已而不知其然，谓之道"。"因是"而达其根源，故已。然如果将已固定下来，则由实践而成理论，即成形而上学。故不知其然而浑成之，且重新打开向上之路。《诗·大雅·皇矣》："帝谓文王，予怀明德，不大声以色，不长夏以革。不识不知，顺帝之则。"（《列子·仲尼》引《康衢谣》略同）。

劳神明为一而不知其同也，谓之朝三。

若试图知其然，费尽脑力得出"一"，编成似乎自洽的体系，此属滥用理性，其政治后果就是专制，而不知彼是本来相同，这叫作"朝三"。

何谓朝三？狙公赋芧，曰："朝三而暮四。"众狙皆怒。曰："然则朝四而暮三。"众狙皆悦。

"朝三暮四"后来演变为成语。人不就是猴子吗，真的进化了吗？恐怕未必呢。狙为猕猴，狙公为狙的管理者。赋芧，分发橡子。

　　　名实未亏而喜怒为用，亦因是也。是以圣人和之以是非而休乎天钧，是之谓两行。

"名实未亏而喜怒为用，亦因是也。"原来还是一回事。真有什么区别吗？变化的只是感情。"因是"犹界限，沿其两边为彼是，虽名实未亏，执著一边乃喜怒为用。"是以圣人和之以是非而休乎天钧，是之谓两行。"圣人"因是"，故能调和是非两边，只有相对之是非，没有绝对之是非。休犹休息，天钧犹自然之平衡作用（《释文》引崔云："钧，陶钧也"）。"休乎天钧"（Ueber allen Gipfeln \ ist Ruh）为道家极深概念，于绝对中得到休息，可比较佛家之禅定。《太上虚皇天尊四十九章经》："既登绝顶，其苦亦息。俯视一切，皆微眇也。""两行"由"休乎天钧"见之，盖是则是之，非则非之，是亦一无穷，非亦一无穷也。《释文》："钧，本又作均。"

　　　古之人，其知有所至矣。

此又另起一段。对宇宙人生寻求最终的答案，犹是否存在第一推动力。

> 恶乎至？有以为未始有物者，至矣尽矣，不可以加矣。

以有当之，则无穷尽后退。以无当之，故至矣尽矣，此推至本源。

> 其次以为有物矣，而未始有封也。

相当于物理世界，然而没有界限，无始无终。

> 其次以为有封焉，而未始有是非也。

由物理世界而生物世界。参考《易纬乾凿度》"太易"、"太初"、"太始"、"太素"之说（《列子·黄帝》略同）。

> 是非之彰也，道之所以亏也。

由生物世界而进入人类政治社会，产生种种是非。

道之所以亏，爱之所以成。

因为不能认识道，停留于某一局部，产生贪恋执著。

果且有成与亏乎哉？果且无成与亏乎哉？有成与
亏，故昭氏之鼓琴也，无成与亏，故昭氏之不鼓琴也。

解析了道体、物理、生物、社会四个层面，落实于人类，最终推翻并消解。有成与亏和无成与亏，乃一事之两面。昭文，古之善鼓琴者。有成与亏者物，无成与亏者道。人类艺术的最高表现是音乐，英国批评家佩特（W.Pater，1839—1894）谓一切艺术都以逼近音乐为旨归（all the arts in common aspiring towards the principle of music），而音乐之表现无非为成与亏，成与亏亦即阴阳。且表现方式有二：一，演奏（鼓琴）；二，默然（不鼓琴）。鼓琴者，乃演绎事物之纷繁；不鼓琴者，乃大音希声，本来如是也。

昭文之鼓琴也，师旷之枝策也，惠子之据梧也。三
子之知几乎，皆其盛者也，故载之末年。

于是引发出鼓琴、枝策、据梧三种技艺。枝策，一说即鼓

琴，一说举杖以击节。据梧一说即鼓琴（古琴由梧桐制作），一说为善谈名理。三位大师或同场配合，或异时竞技，然皆仅知鼓琴之演奏，未能知不鼓琴之默然也。"三子之知几乎，皆其盛者也"。他们的浸淫与研究，达到了极深境界。"故载之末年"，终身从事，享名于后世。

唯其好之也，以异于彼，其好之也，欲以明之。

他们特别喜爱，不同于常人，故能获得杰出成就。凡成才之路，皆起于无意中的喜爱（《庚桑楚》所谓"欲神则顺心"），而试图保持乃至阐发奥秘时，却出现了问题。以《桃花源记》为喻，前者当渔人之路，后者当问津者之路（参观拙稿《渔人之路和问津者之路》，见《渔人之路和问津者之路》，复旦大学出版社，2006年版）。

彼非所明而明之，故以坚白之昧终。

凡技艺之成就，都是从深度爱好而来，而不是由逻辑推论而来。世界万象，自有其说不清道不明之处，仅仅欲以逻辑阐发之，辨析再精也有其误区。彼非所明而明之，亦即坚白之昧。坚白是名家的辩题，昧者遮蔽，未能明心见性也。

而其子又以文之纶终，终身无成。

子承父业，继续从事昭文之技艺，然而已不能望先人之项背，故终身无成。纶指琴弦，因为受到坚白之昧，故不能达成纶，只能达成文之纶。

若是而可谓成乎，虽我亦成也。若是而不可谓成乎，物与我无成也。

如果这就算有成的话，即使我这样的人也可算有成了。《庄子集释》引江南古藏本作："虽我无成，亦可谓成矣。"（陈碧虚《阙误》）如果不算有成，物与我不相应，则古今事业皆可销归一空。

是故滑疑之耀，圣人之所图也。为是不用而寓诸庸，此之谓以明。

"是故滑疑之耀，圣人之所图也。"滑疑之耀，不确定之象。圣人探讨乃至相应的，就是不确定之象。一本"图"作"鄙"，那么也可以作为贬义，亦即上文"坚白之昧"。"为是不用而寓诸庸"，根据此时此地而制其宜，庸者常也。"此之谓以明"，明者，两行也，易也。

今且有言于此，不知其与是类乎，其与是不类乎？

被讨论的言，姑且举一例。名之组织就是言，言之组织就是论。不知道相应于是，还是相应于不是。

类与不类，相与为类，则与彼无以异矣。

如此组合成纷繁复杂的大千世界，所谓宗宗相通，门门相摄，一切平等，彼即此也。又上句言是，此句言彼，此即彼是。

虽然，请尝言之。

"请尝言之"，试图破解此局，为深一层次之说。

有始也者，有未始有始也者，有未始有夫未始有始也者。

追溯起源，层层上推，层层解消。

有有也者，有无也者，有未始有无也者，有未始有夫未始有无也者。

于始推前三层、于有推前四层，可以相应。有始也者，即有有也者，有无也者。始就时间而言，有无就空间而言，始较有无高一层次。而且就分而言，始可分为有无：始者一也，有无者二也。有未始有始也者，即未始有无也者。有未始有夫未始有始也者，即有未始有夫未始有无也者。

有有也者，有无也者，观测所至，亦推理所至。有未始有无也者，此已无观测，唯以推理而至。有未始有夫未始有无也者，此已达推理之极致，唯证自证足以当之。

俄而有无矣，而未知有无之果孰有孰无也。

俄而，忽然而现。向上推理已入不可知。

今我则已有谓矣，而未知吾所谓之其果有谓乎，其果无谓乎？

解消名相之执，各复归其根。

天下莫大于秋豪之末，而大山为小。莫寿于殇子，而彭祖为天。

相对而观，此即齐物。参见《秋水》："以差观之，因其所大而大之，则万物莫不大。因其所小而小之，则万物莫不小。知天地之为稊米也，知豪末之为丘山也，则差数睹矣。"

天地与我并生，而万物与我为一。

天地与我与万物，并生为一，乃浑成一气之象。

既已为一矣，且得有言乎？既已谓之一矣，且得无言乎？

有言与无言辩证，推究其先天。

一与言为二，二与一为三。自此以往，巧历不能得，而况其凡乎？

由先天而后天。

故自无适有以至于三，而况自有适有乎？

不知不觉之间，三生万物，前已云："神禹且不能知。"且自有适有，渐迷本源。

无适焉，因是已。

源头已经疏通，不要四处找路了，就在你的脚下呢。且因是亦即因非，由因是而达成是。

夫道未始有封，言未始有常。

道可道，非常道；名可名，非常名。

为是而有畛也，请言其畛。有左有右，有伦有义，有分有辩，有竞有争，此之谓八德。

八卦之象。畛，界域也。是，无极而太极。由太极、两仪、四象而八卦，于是有八德。有左有右，自然。有伦有义，政治。有分有辩，理论。有竞有争，实践。

六合之外，圣人存而不论。

进一步辨析多维空间，且成其应对。六合者，上下、前后、左右，三维立体之象。存而不论者，参考维特根斯坦《逻辑哲学论》："凡是能够说的事情，都能够说清楚，而凡是不能说的事情，就应该沉默。"（郭英译，商务印书馆，1985年版，第20页）

六合之内，圣人论而不议。

此自然科学领域，可以有判断，可以有结论。

《春秋》经世先王之志，圣人议而不辩。

此社会科学领域，可以发表观点，但是不参与辩论。盖人群的立场和心性本来不一，越辩分歧越多。《春秋》是历史的记录，引申可指人间世发生的一切事件，可比拟现在报纸的大标题、电视的要闻。总观此局并予以反应的人，传统认为是圣人，检阅历史可研究其心迹。中国古代没有政治哲学，历史就是政治哲学。

> 故分也者，有不分也。辩也者，有不辩也。

分与不分，辩与不辩，各有所长，两行以观。又分为限隔，不分为贯通。

> 曰：何也？圣人怀之，众人辩之以相示也。

怀之谓包容。辩之以相示，纷纷有其各自的观点，犹盲人摸象。《天下篇》谓百家众技，"譬如耳目口鼻，皆有所明，不能相通"。

> 故曰：辩也者，有不见也。

有所见，同时有所蔽。未知彼是之理，未得因是之路，故需辩。圣人怀之，故不辩。

> 夫大道不称，大辩不言，大仁不仁，大廉不嗛，大勇不忮。

大道不称，无法称量，无法言说。大辩不言，以沉默待之。大仁不仁，《老子》所谓天地不仁，圣人不仁（第五章）。大廉不嗛，嗛亦即谦，《汉书·艺文志》"易之嗛嗛"。谦尊而光，卑而不可逾，并非扭捏作态，当仁不让亦为谦。大勇不忮，不靠武力征服人，也不是一碰就跳起来。盖仁者必有勇，而勇者不必有仁（《论语·宪问》）。忮谓伤害，《达生》："虽有忮心者，不怨飘瓦。"

> 道昭而不道，言辩而不及，仁常而不成，廉清而不信，勇忮而不成。

"道昭而不道"，道明明白白，如日月经天，江河行地，无情说法。"言辩而不及"，言说总不能完全，当上观其象（eidos，idea）。"仁常而不成"，一旦固定就无变化。"廉清而不信"，廉是对自己有要求，但不需要外在的标志。且水至清则无鱼，清官亦有未明人情处。"勇忮而不成"，未成木鸡之象，当知《老子》所谓"胜人者有力，自胜者强"（三十三章）。

> 五者园而几向方矣。

六、七、八、九之变。园，《释文》引司马彪云："圆也。"方亦当几向圆，圆亦当几向方。

故知止其所不知，至矣。

知止而为至，所谓"自知其无知"。

孰知不言之辩，不道之道。

此即所谓"无知"。

若有能知，此之谓天府。

此即所谓"自知"。"天府"，无限丰富之府库，时间之处所。

注焉而不满，酌焉而不竭，而不知其所由来。此之谓葆光。

天府由外观之，葆光由内观之，盖反身而成。所谓"葆光"，就是"藏其光而不露"（林希逸《南华真经口义》）。又"注焉而不满，酌焉而不竭"，克莱因瓶之象。"而不知其所由来"，碰巧这样、那样一来，就来了，乃中华之灵性思维。

故昔者尧问于舜曰："我欲伐宗、脍、胥敖，南面
而不释然。其故何也？"

我欲伐宗、脍、胥敖，犹浮士德看见海滩边小屋而心头不
舒服，必欲去之而后快（《浮士德》，钱春绮译，上海译文出
版社，1982年版，第686—687页）。宗、脍、胥敖，三小国
名。南面而不释然，因为良知上过不去，圣王注意自己的心理
反应，此即来自深层的信号。

舜曰："夫三子者，犹存乎蓬艾之间。若不释
然，何哉？昔者十日并出，万物皆照，而况德之进乎日
者乎？"

算了吧，就这样忘了吧，在宥之象。存乎蓬艾之间，犹所
谓"扫帚不到，灰尘照例不会自己跑掉"（毛泽东《抗日战争
胜利后的时局和我们的方针》）。"十日并出，万物皆照"，
乃互不相碍，各有其存在之理由。"而况德之进乎日者乎？"
由物理而生物，《易》所谓"圣人作而万物睹"。又法国哲学
家泰亚尔·德·夏尔丹，曾提出生物圈概念，自取汉名曰"德
日进"（Pierre  Teilhard de chardin，1881—1955），语当出
于此。

　　啮缺问乎王倪曰："子知物之所同是乎？"曰：

"吾恶乎知之？"

　　啮缺问乎王倪，亦见《应帝王》，皆四问四答。此三问三不知，而最后一问出于表诠；彼四问四不知，而最后一问出于遮诠。此按顺序一一提出，彼直趋最后之关键。《天地》："尧之师曰许由，许由之师曰啮缺，啮缺之师曰王倪，王倪之师曰被衣。"啮缺与王倪，亦《逍遥游》所谓"四子"中之二人。

　　此句言物（彼），由知一边言。

　　"子知子之所不知邪？"曰："吾恶乎知之？"

　　此句言我（是），由不知一边言。

　　"然则物无知邪？"曰："吾恶乎知之？

　　固定不知即知，故确定"无知"即不可认识，依然不对。三问由两端反复推衍，三言"吾恶乎知之"乃化解之象。知、不知、无知，皆属意见；"吾恶乎知之"，将问题由封闭变为开放。

虽然，尝试言之。

清洗成功后上出，提出正面观点，由"吾恶乎知之"而来。

庸讵知吾所谓知之非不知邪？庸讵知吾所谓不知之
非知邪？

此即前文所谓"滑疑之耀"。庸讵，何以。

且吾尝试问乎女。民湿寝则腰疾而偏死，鳅然乎
哉？木处则惴慄恂惧，猿猴然乎哉？三者孰知正处？

人睡在潮湿的地方腰会得病，泥鳅则不然。偏死，半边僵
化。人爬到树上会恐高，猿猴则不然。正处，正确的居所。

民食刍豢，麋鹿食荐，蝍且甘带，鸱鸦耆鼠，四者
孰知正味？

刍，食草类动物，如牛羊。豢，食谷类动物，如猪狗。
荐，草。蝍且，蜈蚣。且，一作蛆。带，蛇。鸱，猫头鹰。
鸦，乌鸦。正味，真正的美味。

猨，猵狙以为雌，麋与鹿交，鳅与鱼游。毛嫱丽姬，人之所美也，鱼见之深入，鸟见之高飞，麋鹿见之决骤。四者孰知天下之正色哉？

以不同生物观之，评判美色的标准也不同。成语"沉鱼落雁之容"出于此，原文并非褒义。猵狙是猕猴的一种，和猿可以交配。麋鹿见之决骤，一下子跑开了。

自我观之，仁义之端，是非之途，樊然淆乱。吾恶能知其辩？"

由自然而转入政治，其标准更难统一，"恶能知其辩"乃知止之象。那么自以为搞清楚的人，是不是犯了佛教所谓"增上慢"呢。

啮缺曰："子不知利害，则至人固不知利害乎？"
王倪曰："至人神矣。

最后提出至人，至人是高一级别的存在，普通人只能仰望。一般都以为啮缺、王倪已经是至人了，然而他们还在谈论至人乃至神人，以为进修之阶梯。

大泽焚而不能热，河汉沍而不能寒，疾雷破山、风振海而不能惊。若然者，乘云气，骑日月，而游乎四海之外，死生无变于己，而况利害之端乎？"

"大泽焚而不能热"云云，谓不受伤害，相应于《逍遥游》"之人也，物莫之伤"云云。沍，hù，冰冻。"若然者，乘云气"云云，谓获得最高程度的自由，相应于《逍遥游》"若夫乘天地之正"云云。死生无变于己，犹《汉书·艺文志》所谓"聊以荡意平心，同死生之域，而无怵惕于胸中"，利害之端当然不在话下了。

瞿鹊子问乎长梧子曰："吾闻诸夫子，圣人不从事于务，不就利，不违害，不喜求，不缘道，无谓有谓，有谓无谓，而游乎尘垢之外。夫子以为孟浪之言，而我以为妙道之行也。吾子以为奚若？"

瞿鹊子有兴趣于儒道两家之学，而本人为儒家弟子。长梧子，道家之长者。"夫子"应该指孔子。"不从事于务"，不以具体的事物限制自己，亦即《应帝王》"无为事任，无为谋府"。"不就利，不违害"，深察因果，且知利害互根，不为世俗之趋避。"不喜求"，无求于世，无求于外，释氏所谓"有求皆苦",儒家所谓"无欲则刚"。"不缘道",不沿着固定的道路走,而且不标榜行道,前已云"道行之而成"。"无谓有谓,有谓无谓",知无谓亦即有谓,而有谓亦即无谓,前已云"物谓之而然"。林希逸《南华真经口义》:"无谓有谓,不言之言。有谓无谓,言而不言也。"通达且超越于道与名,故"游乎尘垢之外"。"孟浪之言",指不切实,无涯涘,《逍遥游》所谓"大有迳庭,不近人情者焉"。"妙道之行",盖出入于众妙之门者也。

　　长梧子曰:"是黄帝之所听荧也,而丘也何足以知之!且汝亦大早计,见卵而求时夜,见弹而求鸮炙。予尝为女妄言之,女以妄听之。

"听荧",听了迷惑,"荧"是光的漫衍状态。基础不够之人,受不了高层次理论的强烈刺激。《神曲》谓但丁接近天堂时,被光芒耀得睁不开眼,亦同此象(《炼狱篇》,朱维基译,上海译文出版社,1984年版,第121页;《天堂篇》,同上,第3—4页)。如此高层次的境界,初学者岂能随便谈说呢,折了你!抬出黄帝以压孔丘,因为孔丘尊崇的是尧舜。"大早计"谓躐等有失,以瞿鹊子之程度,尚不能越过"丘也",更无资格评论"黄帝听荧"以上的理论。卵,鸡蛋。时夜,亦即司夜,鸡。

鸮（xiāo），斑鸠。鸮炙，烤熟的鸟肉。"妄言之"、"妄听之"，姑且言之，姑且听之，其实极其严肃。

> 奚旁日月，挟宇宙，为其脗合，置其滑涽，以隶相
> 尊。众人役役，圣人愚芚，参万岁而一成纯。万物尽然，
> 而以是相蕴。予恶知说生之非惑邪？予恶知恶死之非弱丧
> 而不知归者邪？"

既然已经提到了，索性进一步讲讲透。"奚旁日月，挟宇宙"，庄子之想象，高于孟子"挟泰山以超北海"（《梁惠王上》）。宇宙之义，见《庚桑楚》："有实而无乎处者，宇也；有长而无乎本剽者，宙也。""为其脗合，置其滑涽"，"脗合"犹《易》之翕辟，"滑涽"犹混沌。脗通吻，唇也。滑音gǔ，乱也。"以隶相尊"，以谦而受尊重，卑而不可逾。"以隶"，从属，自居低下。"相尊"，其始犹《法华经》卷六常不轻菩萨，其终犹《易》用九"群龙无首"之象。"众人役役，圣人愚芚"，众人以聪明而受役，圣人以愚芚而解脱。参看《老子》二十章："诸人皆有余，而我独若遗。我愚人之心也哉。……众人皆有以，而我独顽似鄙。"愚芚积聚能量，为极厚之象，似乎带一点土气，日本人所谓钝感力。"参万岁而一成纯"极深，《中庸》所谓"纯亦不已"亦此工夫，《达生》所谓

"形精不亏，是谓能移，精而又精，反以相天"。盖一灯能破千年暗，一念凝聚，亦能洗净万岁之污浊。"万岁"，天地而以天时为主；"参"（human participation），以人为主；一，贯通；纯，参考《天下篇》："不见天地之纯"，《中庸》引《诗·周颂·维天之命》："於乎不显，文王之德之纯!""万物尽然，而以是相蕴。"盖万物皆有其是，犹物物一太极。"相蕴"者，相合而不起是非，"以隶相尊"也。若各执其所"是"，乃成相非之象，亦即物论所由起。明其各有一"是"，则自然解脱，齐物乃成，亦即"参万岁而一成纯"。"予恶知说生之非惑邪？予恶知恶死之非弱丧而不知归者邪？"当知生死相因而相成。"弱丧"谓自幼流浪在外，郭象注所谓"少而失其故居"，"知归"亦即"回家"。

> 丽之姬，艾封人之子也。晋国之始得之也，涕泣沾襟；及其至于王所，与王同筐床，食刍豢，而后悔其泣也。予恶乎知夫死者不悔其始之蕲生乎！梦饮酒者，旦而哭泣；梦哭泣者，旦而田猎。

执著于旧习惯的人，在搬家或出国时，往往百般依恋，不情愿发生变动。而一旦适应更好的环境，融入了新生活，却再也不肯回头。筐，是三面有边的床。梦与白日活动是否对应，为解梦、占梦的由来。"梦饮酒者，旦而哭泣；梦哭泣者，旦而田猎。"为先秦之占梦材料，跟易象变化有关。

> 方其梦也，不知其梦也。梦之中又占其梦焉，觉而后知其梦也。且有大觉而后知此其大梦也，而愚者自以为觉，窃窃然知之。

"方其梦也，不知其梦也。"此为起始之层，亦即常识所谓梦。"梦之中又占其梦焉，觉而后知其梦也。"此向内逆推一层，即所谓梦中之梦。然后向外顺推一层，即常识所谓觉，亦即梦醒。"且有大觉而后知此其大梦也，而愚者自以为觉，窃窃然知之。"此向外再推一层，则常识所谓觉，其实仍在梦中，亦即人生如梦。愚者自以为觉的人生乃大梦，而大觉乃成真实的人生。

> "君乎！牧乎！"固哉！丘也与女皆梦也，予谓女梦亦梦也。是其言也，其名为吊诡。

"君乎！牧乎！固哉！"君、牧当社会地位之两端。而君管理人群，牧管理牛群或羊群，有其可通之处。君者，群也，群亦从羊，柏拉图把国王比喻为照料成群牛马的牧人，把政治家的技艺定义为牧养人群的知识（《政治家》261d，267d）。"君乎！牧乎！"乃愚人做梦之有滋有味，后世黄粱梦（道）、邯郸梦（佛）由此而来。"固哉"，真是固陋啊！"丘也与女皆梦也，予谓女梦亦梦也。"丘与女乃求觉之人，然未至于大觉，则仍在梦中。予能知丘与女之梦，似外推一层，然外推即无穷，故向内收敛，则仍在梦中。捷克作家米兰·昆德拉名言："人类一思考，上帝就发笑。"故一切梦起于生命本身，然予自知亦梦，则已不在梦中，外推即此打破，故成觉他之象。"是其言也，其名为吊诡。""吊诡"为至怪，今人用作悖论（paradox）的译名。于庄子本文言，吊诡可与悬解（《养生主》、《大宗师》）对应，悬解者，解其吊诡也。

万世之后而一遇大圣知其解者，是旦暮遇之也。

"万世"为庄子的时间数量级，可对照《论语·为政》"百世可知也"，前者就人体结构而言，后者就社会结构而言，有不同的时空数量级变化。"万世之后而一遇大圣"，此之谓"相应"。"一遇"不同于"遇一"，指是否会碰巧相遇，还不能完全肯定。反过来说，一旦相遇，即使客观时间并不长，也可以认为已度过万世。"知其解"有二义，显意为解释、解说，密意为解脱、解决。"是旦暮遇之也"，盖知音者希，郭象注："言能蜕然无系而玄同死生者，至希也。"且暮乃时空数量级之变化，知其解者乃能相应于变化也。

既使我与若辩矣，若胜我，我不若胜，若果是也？我果非也邪？我胜若，若不吾胜，我果是也？而果非也邪？其或是也？其或非也邪？其俱是也？其俱非也邪？我与若不能相知也，则人固受其黮闇，吾谁使正之！使同乎若者正之？既与若同矣，恶能正之？使同乎我者正之？既同乎我矣，恶能正之？使异乎我与若者正之？既异乎我与若矣，恶能正之？使同乎我与若者正之？既同乎我与若矣，恶能正之？然则我与若与人俱不能相知也，而待彼也邪？

此段辨析极精细，亦即彼是之说，可参照《秋水》庄惠濠梁观鱼。然此云不相知，彼云相知。不相知者，因各有一是，而执以相非；相知者，盖各有一是，而其是相蕴。黮闇，不明也，盖人之理性有其限度，于此不可估计过高，当甚加警惕。人类社会之纷争，或不能已乎。我与若与人俱不能相知，盖三者各成一是，故待彼也耶，言其不待之也。

"何谓和之以天倪？"曰："是不是，然不然。是若果是也，则是之异乎不是也亦无辩。然若果然也，则然之异乎不然也亦无辩。

《寓言》："天均者，天倪也。"盖天均由平衡而言，未能平衡者，天均败之。天倪由调和而言，未能平衡者，天倪成全之。"是不是，然不然。"于《易》犹错与综之对立。是与不是各成一是，然与不然各成一然，故曰："是不是，然不然"，又曰："是之异乎不是也亦无辩"，"然之异乎不然也亦无辩"。

化声之相待，若其不相待。和之以天倪，因之以曼衍，所以穷年也。忘年忘义，振于无竟，故寓诸无竟。"

"化声之相待，若其不相待。""化声"，籁也，亦即化言为吹，但有声音，都无实义，故其相待若不相待。"和之以天倪，因之以曼衍，所以穷年也。"天倪以调和之，故能曼衍引申，与时间相终始。解决可以解决的，将不可解决的付之于时间，以此度过一生。"忘年忘义"，忘却生死，忘却是非。"振于无竟，故寓诸无竟。"振（vibration），畅也，止也。无竟，谓无量无边。振于无穷，亦即寓于无穷之中。参观《诗·周颂·载芟》："匪今斯今，振古如兹。"时间者，振动数也。

罔两问景曰:"曩子行,今子止;曩子坐,今子起。何其无特操与?"景曰:"吾有待而然者邪?吾所待又有待而然者邪?吾待蛇蚹蜩翼邪?恶识所以然?恶识所以不然?"

罔两,影子之影子;景,影子。曩,以前。罔两批评景无特操,实无自知,乃下手批评上手。景对罔两没有反唇相讥,而阐有待之理,恰可成上手之象。罔两未必听得懂,然而在旁的他者或许听得懂,比如空间上的形,时间上的读者。景有待于形,形又有待于造化,盖待者又有其待。此相待无穷,故如蛇蚹蜩翼,自然而然,不知其然也,犹不知第一推动力。蚹,蛇藉之以行,翼,蜩藉之以飞。"恶识所以然,恶识所以不然",此不识而随他(今人小说《倚天屠龙记》引《九阳真经》谓"由己则滞,从人则活"),则有待亦无待也。

昔者庄周梦为胡蝶,栩栩然胡蝶也。自喻适志与?不知周也。俄然觉,则蘧蘧然周也。不知周之梦为胡蝶与,胡蝶之梦为周与?周与胡蝶,则必有分矣。此之谓物化。

全篇以"胡蝶梦"结束。庄周与胡蝶互化,此所谓"物化"。"自喻适志与?"乃身心协调的状态。刘文典《补正》

引《艺文类聚》等，谓此句隔断文义，似后人注羼入本文。虽然有可能，然庄文神行不测，未必能以义法限之。"适志"乃生物之向往自由，心之所之，身亦随焉。"不知周之梦为胡蝶与，胡蝶之梦为周与？"此破觉梦之说，故未可执也。"必有分"极是，分者界限，明此乃能物化，分者几也。

# 《养生主》析义

解题："养生"一词，古今含义不同。现代人的"养生"，养的是身体的"身"，比如说吃点滋补品呀，饭后百步走呀。庄子的"养生"，养的是生命的"生"，包含且大于前者，不仅养形，而且养神。仅主"养身"，或仅执小己；能主"养生"，乃知古今中外生命的呼吸相通。"主"，主宰，主旨。

　　吾生也有涯，而知也无涯。以有涯随无涯，殆已！
已而为知者，殆而已矣！

　　此即《旧约·创世记》伊甸园"生命树"和"知识树"之对比。人类始祖亚当、夏娃受到蛇的诱惑，吃了知识树上的果子，被上帝诅咒并逐出伊甸园。上帝担心他们又去摘生命树上的果子吃，于是在伊甸园东边安设了四面转动发火焰的剑，把守住了通往生命树的道路。这一《旧约》寓言，如果与《养生主》此节映照，始显其深义。返回伊甸园是人类永恒的冲动，然而仅仅追求知识，越走越远，终不免"以有涯随无涯"之殆。重归伊甸园，当回头吃生命树上的果子，《老子》二十五章"大曰逝，逝曰远，远曰反"是也。吃生命树上的果子，于西方主他力，当皈依宗教；于中国主自力，道家所谓"我命由我不由天"。此即中国文化之气概，生命树和知识树本是同根生，知否？

　　为善无近名，为恶无近刑，缘督以为经。

　　庄子对人性的认识，盖善、恶双遣而主中道，郭象所谓"忘善恶而居中"。"督"或解为"中"，或解为"督脉"，皆是而稍有可议。前者出于思辩家，略偏于抽象；后者出于养生家，略偏于具体。"督"当为总根，也就是在行事中体现的总原则，今尚称"总督"、"督导"。《尔雅·释诂》："董、督，正也"，"正"即"中"。柏拉图《斐德罗》把人的灵魂比作一辆马车，由一位驭手和两匹马组成。两匹马可分别相应"为善"、"为恶"，而一位驭手相应正义、节制和知识，也就是所谓"督"（246a-b，247d-e）。"缘督以为经"，也就是毛姆《刀锋》（*The razor's edge*）卷首引《奥义书》所谓："人很不容易越过刀锋，因此智者说得救之道是困难的"（The sharp edge of a razor is difficult to pass over \ thus the wise say the path to salvation is hard）。禅家有言："学般若菩萨，不得自谩，如冰棱上行，似剑刃上走，动辄丧身失命"（参见《指月录》卷九汾州无业章次）。以"心气不二"之说而言，脉解则心开，心开则脉解，故"缘督以为经"者，督脉之自然变化，亦在其中矣。

可以保身，可以全生，可以养亲，可以尽年。

"保身"与"全生"不同。"保身"是物质基础，每个人时时刻刻都在做。因为身体是所谓的耗散结构，如果不补充负熵，也就是不穿衣、吃饭、睡觉，很快不能维持。"全生"包含"保身"而大于"保身"。"保身"偏重物质，至多百年，"全生"涉及精神，至少百年。"全生"要对一生负责，似乎没有"保身"迫切，很多人比较忽略，甚至完全忽略。所谓"身体是革命的本钱"，然而保住本钱去干什么？"革命"的真实含义又是什么？"全生"对这些问题都必须考虑。"养亲"、"尽年"涉及"保身"、"全生"的来龙去脉。前者所谓尽子女孝道，若追其极，乃原始宗教"始祖配天"的思想。后者"寿终正寝"，乃传统吉语，《大宗师》所谓"终其天年而不中道夭者，是知之盛者也"。且何为"尽年"？你填实了自己的每一天、每一年乃至一生了吗？"尽年"之"年"又可以达到多长？"保身"、"全生"、"养亲"、"尽年"极平实，如果作形而上追究则很深。

> 庖丁为文惠君解牛，手之所触，肩之所倚，足之所履，膝之所踦，砉然向然，奏刀騞然。莫不中音，合于桑林之舞，乃中经首之会。

手、肩、足、膝的姿势以及刀的变化，为解牛时全身之配合。"莫不中音"，相合音乐的节奏；"合于桑林之舞"，相合舞蹈的节拍。桑林，商汤时乐名。"经首之会"有二解：一、《咸池》之乐章；二、经脉之首尾。当以二为是，亦可含一，因"乃中经首之会"，必为礼乐相合而丝丝入扣的极妙处。"会"指经脉的总汇，后世禅家"单刀直入"，所入即此。抽象而言，各家各派皆有其经，"中其经首"乃能解此家此派。而"中其经首之会"乃能解牛，牛，大物也，乃整体（whole）之象。"乃中经首之会"，也就是《易·系辞上》所谓"开物成务，冒天下之道"。

文惠君曰："嘻，善哉！技盖至此乎？"

发自内心的惊奇。此节始"善哉"赞叹技，终"善哉"赞叹道。后世佛经翻译采及此语，云："善哉，善哉"，亦用两"善哉"。"至"，犹至善至美，到家，到位。

庖丁释刀对曰："臣之所好者道也，进乎技矣。

"道进乎技"为一路，《鹤林玉露》卷十三记陆九渊少年时见棋工下棋而悟棋理："此河图数也。"[①]"技进乎道"亦为一路，《二程遗书》卷十八记程颐批评张旭见担夫与公主争道而悟笔法："可惜张旭留心于书，若移此心于道，何所不至。"当知两者互化之理。"进"，以终极而言，为技体现于道，道体现于技。以过程而言，则互相促成，技进一层，道进一层，或道进一层，技进一层。

> 始臣之解牛之时，所见无非全牛者。三年之后，未尝见全牛也。

初次面临新环境或新事物的时候，人往往会茫然不知所措，不知如何入手，此即"所见无非全牛者"。经过一段时间后，周围情况渐渐适应，事物本相也渐渐展开，逐步得心应手，此即"未尝见全牛也"。由事事看不破到事事不费力，上了一个台阶。《倚天屠龙记》二十章，张无忌学会九阳神功和乾坤大挪移心法后，看其他一流高手原来极精妙的招数皆有破绽，这也是"所见无非全牛者"与"未尝见全牛也"的区别。

> 方今之时，臣以神遇而不以目视，官知止而神欲行；依乎天理，批大郤，导大窾，因其固然，技经肯綮之未尝，而况大軱乎！

"臣以神遇而不以目视"，可比较下文"彼其所以会之"，"遇"与物，"会"与人。"神遇"与"目视"似为对立，实为衔接。"官知止而神欲行"，盖五官有其局限，而精神则启行于所止之处。"依乎天理"，可映照理学"随处体认天理"，然而"依"更深，因纯乎自然，且知行合一。"批大郤，导大窾"，所谓顺势而为。"因其固然"，"因"乃道家要旨，盖自始至终只是一"因"。而"固然"者，亦本来如是。"技经肯綮之未尝，而况大軱乎"，亦即《人间世》所谓"无伤"，一点点都不能碰着。

> 良庖岁更刀，割也；族庖月更刀，折也。今臣之刀
> 十九年矣，所解数千牛矣，而刀刃若新发于硎。彼节者有
> 间，而刀刃者无厚；以无厚入有间，恢恢乎其于游刃必有
> 余地矣。是以十九年而刀刃若新发于硎。

"良庖"之割、"族庖"之折，为庖丁解牛之铺垫。此列出等差，犹后世道教所谓"真灵位业图"。庄书屡见十九之数，可能相应于河图洛书，也可能相应于"十九年七闰"。"有间"为体，"无厚"为面乃至点，故能出入无疾。"恢恢乎游刃必有余地"，是之谓"养"。"刀刃若新发于硎"，乃永葆锐气，当以此自勉。

> 虽然，每至于族，吾见其难为，怵然为戒，视为
> 止，行为迟，动刀甚微，謋然已解，如土委地。

"每至于族"，遇到盘根错节的矛盾聚集处。"吾见其难为，怵然为戒"，此即敬畏，《诗·小雅·小旻》："战战兢

兢，如临深渊，如履薄冰。"参考朱熹《答陈同甫》："真正大英雄人从战战兢兢，临深履薄处做将出来。若是血气粗豪，却一点也使不著也。"（《朱文公文集》卷三十六）"视为止，行为迟"，乃所谓"战术上重视敌人"，且照应上文"官知止而神欲行"。"视"与"行"配合犹舞蹈，心之所注，气亦至焉。"止"、"迟"谓一点点慢下来，《飞狐外传》十一章论武学所谓"嫩胜于老"、"迟胜于急"。"动刀甚微，謋然已解"，盖真能寻至关键处，轻轻一动，即已解决。"如土委地"乃顺利之象，胜于《晋书·杜预传》"势如破竹"。

提刀而立，为之四顾，为之踌躇满志，善刀而藏之。"

"提刀而立，为之四顾，为之踌躇满志"，当大功告成，犹运动员上领奖台。"提刀"而"四顾"，有"舍我其谁"之象。"踌躇满志"，为成就感之实现（peak experience），乃高度的满足。"善刀而藏之"极要，于养生当收功，于处世当"韬晦"。解牛已毕，未能善刀而藏者，其刀刃尚能若新发于硎乎。

文惠君曰："善哉！吾闻庖丁之言，得养生焉。"

解牛与养生有何干系？郭象曰："以刀可养，故知生亦可养。"文惠君所得者究竟如何，当深思之。

> 公文轩见右师而惊曰："是何人也，恶乎介也？天与？其人与？"

目击道存，于形而下见出形而上。介含两义，形而下谓刖足，形而上谓独立不倚之状。公文轩惊于右师之神寒气静，故问以天人之分。右师，官名。

> 曰："天也，非人也。天之生是使独也，人之貌有与也。以是知其天也，非人也。"

天使独而人有与，由复而独，乃成上出之象。以文章而言，犹行文贵复，尤贵单行之气。右师虽损一足而成其天，盖隐于吏者。

> 泽雉十步一啄，百步一饮，不蕲畜乎樊中。神虽王，不善也。

"不蕲畜乎樊中"，受种种利诱乃所以自锢，故《至乐》

谓不当以己养养鸟，当以鸟养养鸟也。"神虽王，不善也"，故《秋水》谓龟宁曳尾泥涂而不愿巾笥而藏之于庙堂。

> 老聃死，秦失吊之，三号而出。弟子曰："非夫子之友邪？"曰："然。""然则吊焉若此，可乎？"曰："然。

先秦庄子寓言，犹如古希腊柏拉图对话，充满戏剧性。秦失的三号与老聃门人的哭子哭母，形成了鲜明对照。以字形而言，"友"者如左右手，两手不同而一，此之谓默契（agreement）。秦失"吊焉若此"，盖欲补老聃之失，且代老聃为其门人上最后一课，亦所以尽友道。秦失在老聃死时一出场，就此在庄书乃至历史上消失，亦神龙见首不见尾之象也。

又秦失乃夫子之友，而玩其姓名，亦相应于夫子本人，言其未言之言，或可当老聃之化身再来。秦失（读若yì，或作佚）者，失（佚）于秦也（fade out），乃相应于《史记·老子列传》："至（函谷）关，言道德之意五千余言而去，莫知其所终。"[②]又道家之失（佚）于秦，与儒家之不入秦（韩愈《石鼓歌》："孔子西行不到秦，掎摭星宿遗羲娥"），恰成对照。秦于中国地理大势为西北，西北者，天门也。失（佚）于秦者，盖化入天门，《庚桑楚》曰："天门者，无有也。万物出乎无有。有不能以有为有，必出乎无有。而无有一无有，圣人藏乎是。"

始也吾以为其人也，而今非也。向吾入而吊焉，有

老者哭之，如哭其子；少者哭之，如哭其母。


"始也吾以为其人也，而今非也。"此句极妙，具足多义。"其人"初步指门人，本来我还以为是老聃门人呢，现在看来不是了。老聃门人应该符合性情本然，然而这些人还是陷于世俗之中。深入一步指老聃，本来以为老聃还算个人物吧，现在看来并非如此。所谓"子不教，父之过"，门人没有教导好，老师也有责任。然而，"老者哭之，如哭其子；少者哭之，如哭其母"，这是师生感情的深厚呀，有什么错呢？


彼其所以会之，必有不蕲言而言，不蕲哭而哭者。

是遁天倍情，忘其所受，古者谓之遁天之刑。


"会"，师生间的相合处乃至感通处。物以类聚，人以群分，当观其所会之所在。秦失谓老聃和弟子所会之处不对，因为"不蕲言而言，不蕲哭而哭"，不符合性情本然。成玄英疏："斯乃凡情执滞，妄见死生，感于圣恩，致此哀悼。""蕲"通"祈"，内心深处的期待、要求。"言"，一说通"唁"。老聃的教导终究还有问题，把学生感情给限制住了。凡宗教成派者，皆有其失。《新约·马太福音》耶稣谓门徒在天亮

之前有三次不认他，《大智度论》卷二《释总说如是我闻》记阿难未启请释迦住世，可见此问题没有解决。故秦失批评老子"遁天倍情，忘其所受"，背弃了天然和情感，忘记了人的本然。"遁天之刑"，脱离了天然和天性，把枷锁套上了。

　　适来，夫子时也；适去，夫子顺也。安时而处顺，哀乐不能入也。

此句又见于《大宗师》。于生死两端来去不当有碍，凝结者非也。言、哭亦为散凝结之一法，然而"不蕲言而言，不蕲哭而哭"，反而加强人情的执与伪，何如"安时处顺"之自如乎？能适时、适顺于来去者，哀乐不能入也。

　　古者谓是帝之县解。"

"县解"，悬空而解，悬犹形而上。"帝"，归根结蒂，犹第一推动。盖人之生存，犹如木偶，受到种种无形牵引而不自知，其总根就是"帝"，故有宿命之说。"帝之县解"，在总根上悬空而解，故谓之解脱。"遁天之刑"与"帝之县解"对应。

　　指穷于为薪，火传也，不知其尽也。

指，指的动作，涉及指谓或符号系统。薪，涉及物质系统。火传，涉及能量系统。一切指谓或符号系统虽似自足，其终结处有极大的缺口，接或不接于物质系统。穷，尽头，既为断又为续（ausgang）。然而，仅执于物质犹是死物。薪，则物质本身就是能量。火传也，乃物质化为能量。而"不知其尽也"，正所以对应"指穷"。由此指谓化为信息，乃见物质、能量、信息之三无穷，《易·系辞》所谓"生生之谓易"，养生者，养此也。又《易·系辞》"易穷则变，变则通，通则久"，《天下篇》引辩者"指不至，至不绝"。"指穷于为薪"相应于"易穷则变"与"指不至"，"火传也，不知其尽也"相应于"变则通，通则久"与"至不绝"。又后世禅家有两套书，一套书是《指月录》（有《续指月录》等），一套书是《传灯录》（有《五灯会元》等），前者相应于"指穷"，后者相应于"火传"。《易·系辞》曰"成象之谓乾"，而参透最后一关以见无尽之象，要在反身体验而已。

注释

① 罗大经《鹤林玉露》卷十三（丙编卷一）："陆象山少年时，常坐临安市肆观棋，如是者累日。棋工曰：'官人日日来看，必是高手，愿求教一局。'象山曰：'未也，三日后却来。'乃买棋局一

副，归而悬之室中，仰视之者两日，忽悟曰：'此河图数也。'遂往与棋工对，棋工连负二局。"

② 《史记·老子列传》："至（函谷）关，关令尹喜曰：'子将隐矣，强为我著书！'于是老子乃著书上下篇，言道德之意五千余言而去，莫知其所终。"

# 《人间世》析义

**解题**：此篇言人与人，乃处世之法。间为人之空，世为人之时，《说文解字》："三十年为一世。"人间世，乃此时此地一代人之存在，有其不得不面对的问题。本篇之义，于此既有解，亦无解，而有解即在无解之中。郭象云："与人群者，不得离人。然人间之变故，世世异宜。唯无心而不自用者，为能随变所适而不荷其累也"（《文选·秋兴赋》注引司马彪略同）。可比较古希腊城邦（polis）之学。张远山先生读"间"为动词，谓此篇显示庄子的间世主义，亦为妙解。"间世"者，出入无疾也。

颜回见仲尼，请行。曰："奚之？"曰："将之卫。"曰："奚为焉？"曰："回闻卫君，其年壮，其行独。轻用其国而不见其过。轻用民死，死者以国量。乎泽若蕉，民其无如矣。

"颜回见仲尼，请行。"以行动开场。"奚之？"问方向。"奚为焉？"问目的。"回闻卫君，其年壮，其行独。"卫君年富力强，而行为偏执。"独"谓一条道走到黑或钻入牛角尖，《经典释文》引崔云："自专也"，今所谓"独头"、"独夫"。"轻用其国"，"轻用民死"，犹如秦始皇修长城，又如"文化大革命"。"不见其过"，谓一意孤行，且已断绝反馈之路。"死者以国量"，有大量的人死亡，也不以为意。此处以"国"为量词，或指斥重视国家而轻视个人，当注意其间之不相称。死了那么多人，"国"还成其为国吗？"乎泽若蕉"，诸家注释不同，可能有阙字，大意谓水深火热。乎，几乎；泽，薮泽；若，比；蕉，草芥。郭象注："举国而输之死地，不可称数，视之若草芥也。"成玄英疏："纵恣一身，不恤百姓，视于国民，如薮泽之中草芥者也。""民其无如矣"，老百姓一点办法都没有。反映、劝谏不听，抗议、造反又不敌（独裁者必然强力控制军队、警察乃至舆论工具），只能在煎熬中等待，然而又不见出头之日。无如，谓无可奈何。又如，往，适。无如，不知所措，找不到方向。

回尝闻之夫子曰：'治国去之，乱国就之，医门多疾。'愿以所闻思其则，庶几其国有瘳乎！"

"治国去之，乱国就之，医门多疾。"此即夫子所传之学，也是中国大乘思想之根。印度佛教分为三路外传，唯大乘入中华，达摩所谓"赤县神州有大乘气象"（《五灯会元》卷一菩提达摩章次），非偶然也。"治国"之理想，参考《论语·学而》："道千乘之国，敬事而信，节用而爱人，使民以时。""愿以所闻思其则"，平常听老师的讲话，东一句，西一句，似乎摸不着边际，总结下来原则不就是那么几条吗？应该付诸行动了。此见颜回之学业有进，却也存在相当的危险，因为有可能割裂"所闻"和"则"的关系。偏于"所闻"或执于用，偏于"则"或执于体，且沟通其间之"思"极深，孔门高弟亦未必能明也。儒家学说能总结成"仁义道德"吗？道家学说能总结成"无为无不为"吗？"庶几其国有瘳乎！"这是古来中国知识分子的抱负，《能改斋漫录》卷十三引范仲淹谓"不为良相，则为良医"。参考龚自珍《己亥杂诗》四十四："何敢自矜医国手，药方只贩古时丹。"瘳（chōu），痊愈。

　　仲尼曰："嘻，若殆往而刑耳。夫道不欲杂，杂则
　多，多则扰，扰则忧，忧而不救。

　　"颜回请行"是博士毕业，请发证书。仲尼"若殆往而
刑耳"（你大概去找死吧！）则当头棒喝，由此开始博士后教
育。"嘻"，开口一笑，温和之象。开场时的戏剧性紧张，于
此乃达成化解，且引导其情绪渐渐落地。刑，杀戮。"夫道不
欲杂"，你的想法太多了。道者导也，驭繁于简，在行动中调
整。"杂则多，多则扰，扰则忧，忧而不救。"此亦长期磨炼
之所得，于此一口叫破。"扰"（擾）和"忧"（憂）是同根
字，扰则忧矣。

　　古之至人，先存诸己而后诸存人。所存于己者未
　定，何暇至于暴人之所行。

　　"先存诸己而后诸存人"，可以有两层意思。一层是常用的意
思，也就是今天常说的"律己严，责人宽"。一层是隐含的意思，
那就是"存诸己"而后"存诸人"，未能"存诸人"就没有"存诸
己"。《论语·宪问》："子路问君子。子曰：'修己以敬。'
曰：'如斯而已乎？'曰：'修己以安人。'曰：'如斯而已
乎？'曰：'修己以安百姓。修己以安百姓，尧舜其犹病诸。'"

《公冶长》："已矣乎！吾未见能见其过而内自讼者也。"此即"存诸己"之象。《德充符》："我怫然而怒。而适先生之所，则废然而反。不知先生之洗我以善邪？"此即"存诸人"之象。"先存诸己而后诸存人"，此标准至高，含感应之理，且永无止境。是不是有了孔子、庄子世界就好了呢，没有。反求诸己，于是有生生世世修"菩萨行"的概念。耶稣基督被钉十字架，维摩诘居士"为众生病"，亦通于此。无诸己而求诸人，此所以教育无效也。"尧舜其犹病诸"，《论语》中有两次提到。除了《宪问》以外，另一处在《雍也》："子贡曰：'如有博施于民而能济众，何如？可谓仁乎？'子曰：'何事于仁，必也圣乎！尧舜其犹病诸。夫仁者，己欲立而立人，己欲达而达人。能近取譬，可谓仁之方也已。'"《宪问》犹言"内圣"，《雍也》犹言"外王"，内外宜兼修也。"何暇"，也可以参考《宪问》："子贡方人。子曰：'赐也贤乎哉，夫我则不暇。'"

　　且若亦知夫德之所荡，而知之所为出乎哉？德荡乎名，知出乎争。名也者，相轧也；知也者，争之器也。二者凶器，非所以尽行也。

　　你知道德受什么影响吗？而知又从哪儿来呢？德受名的影响，知由争执而来。名由互相倾轧产生，知为彼此争斗的工具。二者都是凶器，不能贯彻于行动。参考《庚桑楚》："举贤则民相轧，任知则民相盗。"

　　且德厚信矼，未达人气；名闻不争，未达人心。而强以仁义绳墨之言术暴人之前者，是以人恶有其美也，命之曰灾人。灾人者，人必反灾之。若殆为人灾夫。

　　"且德厚信矼，未达人气。"德在交往中自然而然地体现，所谓上德不德，而不是坚执一套固定规范。矼（kòng），确实。未达人气，未触及人的气场，不知道别人想什么。"名闻不争，未达人心。"以不争而闻名，没有通晓人的心理。而所谓"流水不争先"，难道不也是一种竞争吗？"而强以仁义绳墨之言术暴人之前者，是以人恶有其美也，命之曰灾人。"摆出一副仁义规矩来束缚人，是不能容忍别人也有长处呢，可以称为灾人。言术似指说服技巧，可比较古希腊的修辞术（tekhne rhetorike）。暴，陈示。前文"暴人之所行"是把别人的行为亮出来，此处"暴人之前"是把自己的主张亮出来。"灾人者，人必反灾之。若殆为人灾夫。"出乎尔者反乎尔，必遭受极大的反冲。《中庸》二十八章引子曰："生乎今之世，反古之道。如此者，灾及其身者也。"

且苟为悦贤而恶不肖，恶用而求有以异？若唯无诏，王公必将乘人而斗其捷。

"且苟为悦贤而恶不肖，恶用而求有以异？"如果真的悦贤而恶不肖，善善恶恶就是了，又何必标新立异呢。"若唯无诏，王公必将乘人而斗其捷。"你不说倒还罢了，你若说，他必然比你还会说。诏，宣示自己的观点。乘，借着你的话。斗其捷，越说越来劲。你如果夸夸其谈，王公必然拒谏饰非，故宜息言止辩也。

而目将荧之，而色将平之，口将营之，容将形之，心且成之，是以火救火，以水救水，名之曰益多。顺始无穷，若殆以不信厚言，必死于暴人之前矣。

"而目将荧之，而色将平之，口将营之，容将形之，心且成之。"身心劳碌不堪，坚持自己的成见。"是以火救火，以水救水，名之曰益多。"到底是在止恶呢，还是在助恶？自顾尚且不暇，又何能救人？"顺始无穷"，一旦开了头，因果就乘除无尽了。"若殆以不信厚言，必死于暴人之前矣。"你如果不信老成人的话，那一定会死在暴君面前了。厚言，深厚之言，由无数代人智慧和经验积累而成。暴人为陈示于前的人，引申也可解为

"轻用其国"、"轻用民死"的暴君，参考上文"暴人之所行"（人），"暴人之前"（己）。《系辞上》："几事不密则害成"，"暴人之前"者，盖知其显而未知其隐也。

> 且昔者桀杀关龙逢，纣杀王子比干，是皆修其身，以下伛拊人之民，以下拂其上者也。故其君因其修以挤之，是好名者也。昔者尧攻丛枝、胥敖，禹攻有扈，国为虚厉，身为刑戮，其用兵不止，其求实无已。

前一"昔者"涉及好名，参考《养生主》"为善无近名"。后一"昔者"涉及求实，参考《养生主》"为恶无近刑"。以围棋术语而言，好名者喜张势，犹主"高者在腹"；好实者喜实地，犹主"金角银边草肚皮"。"修其身"，品德高尚，有广泛的影响力。"以下伛拊人之民，以下拂其上者也"，怜爱照护百姓，站在弱势群体一边。"其君因其修以挤之"，正因为此而触犯了猜忌，决不能容忍。历代大君乃至僭主往往排斥忠良，信用匪人，这也是原因之一。凡有关龙逢、比干性向之人，固当观史、反身以思之。"国为虚厉，身为刑戮"，很悲惨的景象。《经典释文》引李云："居宅无人曰虚，死而无后为厉。"钟泰《庄子发微》云："社稷为墟，宗庙为厉。"

是皆求名实者也。而独不闻之乎，名实者，圣人之所不能胜也，而况若乎？

中道虽似刀锋，实际上是最踏实、最安全之路。而驾驭名实的变化，即使圣人也不能胜任，何况你呢。

虽然，若必有以也，尝以语我来。"

虽然如此，你一定还是有自己理由的，说说看。

颜回曰："端而虚，勉而一，则可乎？"曰："恶，恶可！夫以阳为充孔扬，采色不定，常人之所不违，因案人之所感，以求容与其心。名之曰日渐之德不成，而况大德乎！将执而不化，外合而内不訾，其庸讵可乎？"

"端而虚，勉而一。"此后世儒者的标准形象，可参考李白《嘲鲁儒》。端，端严，端庄，端架子。虚，虚怀，虚心。勉，勉力，勤勉。一，贯通，吾道一以贯之。"恶，恶可！"当场予以否定。"夫以阳为充孔扬，采色不定"，盖阳气腾浮于表面，未能内敛，恰成否卦之象。孔，大也。"采色不定"指脸色阴晴不定，一会红，一会青，一会白。"常人之所不违"，大家都躲着他，让着他，无人敢于冒犯。《论语·子路》孔子论"一言丧邦"，引"人之言曰"："予无乐乎为君，唯其言而莫予违也。""因案人之所感，以求容与其心"，压抑别人的感觉，伸展自己的意愿。"案"，压抑、压制。"容与其心"，给心拓展出位置。"日渐之德"谓积累，此为小德；而"大德"者，日新又日新也。"外合而内不訾"可分对己、对人两方面，对己谓内外之气隔阂不通，对人谓震之以威怒，貌恭而不心服。訾通资，称量也，合也，通也。"其庸讵可乎"？怎么可以这样呢。

"然则我内直而外曲，成而上比。

内直、外曲者，泰卦之象。成而上比者，以古喻今。

内直者，与天为徒。与天为徒者，知天子之与己，皆天之所子，而独以己言蕲乎而人善之，蕲乎而人不善之邪。

"内直者，与天为徒。"内心最直接的想法，这是天然的，不应该违背，也不可以违背。徒，指同类之人。"与天为徒者，知天子之与己，皆天之所子。"在先秦，"天子"一词尚非君王得以专用，所见有三例，庄书占其二。《人间世》为一处，《庚桑楚》为一处，余一处出于银雀山汉简。"知天子之与己"之"天子"是名词，与后世略同。"皆天之所子"将名词动态化，乃阐明其来源。任何人与天相通，理解天人关系就是天子，盖统治者尚未完全垄断代表权。《庚桑楚》："有恒者，人舍之，天助之。人之所舍，谓之天民。天之所助，谓之天子。"人之所舍，乃见其吸引力（charisma），舍谓聚集。天之所助，因其成功含种种巧合。盖君者，群也；而王者，天下所归往也。此处"天民"就是"天子"，"天子"就是"天民"。参见《孟子·尽心上》："有事君人者，事是君则为容悦者也。有安社稷臣者，以安社稷为悦者也。有天民者，达可行于天下，而后行之者也。有大人者，正己而物正者也。"庄之"天子"、"天民"有平等之象，孟之四种人皆与"天子"无关。孟的"天民"位置虽在"安社稷臣"之上，所谓达则兼济天下，穷则独善一身，然见地与庄异。庄尚保存philosopher和 king 之间可能的贯通，而孟则已断此桥也。[1]裘锡圭言：银雀山所出土的大约属于《太公》残简里，有如下一条："往者不可及，来者不可侍（待）。能明其世，胃（谓）之天子。"这句话，《吕氏春秋·听言》引作《周书》，"能明其世"讹作"贤明其世"。《汉书·晁错传》引作《传》，讹作"来者犹可待"，都应据简文订正。[2]"往者不可及，来者不可侍（待）"，分析见下文。"能明其世"与"贤明其世"之异，可能并非讹误。"能明其世"内圣，"贤明其世"外王，立言各有其宜。《周书》和《传》都是古来之书，书名不必强同之。"而独以己言蕲乎而人善之，蕲乎而人不善之邪。"我把自己的想法说出来就是了，为什么要预先考虑别人的反应呢？蕲，期望，祈求。参考古希腊悲剧《俄狄浦斯王》（索福克勒斯）预言者说："你是国王，可是我们双方的发言权无论如何应该平等；因为我也享有这样的权利。"③

> 若然者，人谓之童子，是之谓与天为徒。

"童子"可相应安徒生童话《皇帝的新衣》，小孩子脱口叫出："他什么也没穿呀"（He has nothing on）！此即所谓"内直"，《维摩诘经·菩萨品》所谓"直心是道场"是也。

> 外曲者，与人之为徒也。擎跽曲拳，人臣之礼也，
> 人皆为之，吾敢不为邪？为人之所为者，人亦无疵焉。是
> 之谓与人为徒。

"外曲者，与人之为徒也。"在社会上与人打交道，过于直率行不通，必须有所妥协、迁就。"擎跽曲拳，人臣之礼也，人皆为之，吾敢不为邪？"不要自居特殊，不要恃才傲

物，不要成为祢衡、杨修。擎跽曲拳，跟着别人行礼如仪。擎，执贽；跽，跪拜；曲，躬身；拳，拱手。"为人之所为者，人亦无疵焉。"渐渐收敛锋芒，社会不能容纳有个性之人，亦不得不作自我保护。"是之谓与人为徒。"与天为徒，保持人的内在纯洁和个性，否则将不知不觉为社会所同化，久假而不归，最终忘记自己的本来面目。与人为徒，对社会也要有一定适应性，走吧，走吧，人总是要学着自己长大。

> 成而上比者，与古为徒。其言虽教谪之实也，古之有也，非吾有也。若然者，虽直而不病。是之谓与古为徒。若是，则可乎？"

"成而上比"是说话的方式，"与古为徒"综合了"与天为徒"和"与人为徒"，也就是综合了"内直"和"外曲"。"其言虽教谪之实也，古之有也，非吾有也。"批评君王而讲究方法，既表达了自己的意见，又不会使人感到难堪。"教谪之实"乃两面，教以扬之，谪以抑之。"若是，则可乎？"这样总可以了吧。

> 仲尼曰："恶，恶可！大多政法而不谍，虽固，亦无罪。虽然，止是耳矣，夫胡可以及化！犹师心者也。"
> 颜回曰："吾无以进矣，敢问其方？"

然而孔子一破到底，继续否定。"恶，恶可！"有千钧之力。"大多政法而不谍"，这些虽说也是正法，但依然存在问题。政，正；法，亦正；谍，似可解为禽辟，犹言变通。谍，诸家或解为条理，或解为探察，或解为便僻，或解为烦碎，然解为禽辟，皆可笼罩。固者师心，谍者及化。"吾无以进矣，敢问其方？"我所有的招都使出来了，技穷了。这也不对那也不对，你倒说说看，到底应该怎么做？

> 仲尼曰："斋，吾将语若。有心而为之，其易邪？
> 易之者，皞天不宜。"

"有心而为之，其易邪？易之者，皞天不宜。"可分两方面，一是对做事而言。如果执成见而行，这是低估事情的难度，故曰"其易邪"（哪有那么容易呢）。《五灯会元》卷一记菩提达磨诲励神光曰："诸佛无上妙道，旷劫精勤，难行能行，非忍而忍，岂以小德小智，轻心慢心，欲冀真乘，徒劳勤苦。"一是对提问而言。似乎老师那里有一个现成答案，套出来就能照搬，这也是"其易邪"（你看得太轻易了呀）。这种情形很常见，初涉世之人，往往随便提出极大的问题，比如"人生的意义是什么"，"爱情是什么"，以为可以得到现成的答案。其实不仅不存在这样的答案，而且即使存在也没有用，《增广贤文》："莫将容易得，便作等闲看。"皞天不宜，天不会成全你。《释文》引向云："皞天，自然也。"

> 颜回曰："回之家贫，唯不饮酒不茹荤者数月矣。如此，则可以为斋乎？"曰："是祭祀之斋，非心斋也。"回曰："敢问心斋？"仲尼曰："若一志，无听之以耳，而听之以心，无听之以心，而听之以气。听止于耳，心止于符。气也者，虚而待物者也。唯道集虚。虚者，心斋也。"

"回之家贫，唯不饮酒，不茹荤者数月矣。如此，则可以为斋乎？"我家中很穷，本来就不吃什么荤，这就是斋戒吗？"是祭祀之斋，非心斋也。"这是外在的斋戒，而不是内在的斋戒。"敢问心斋？"什么是心斋？听见新名词，感受到冲击力。"若一志，无听之以耳，而听之以心，无听之以心，而听之以气。"若一志犹收放心，渐渐简化事情，简化想法，渐渐集中专一。听（聽）为耳德，亦为耳朵之辨析力。由耳而心，由客观达主观；由心而气，由主观达客观。"听止于耳，心止于符。""听止于耳"犹前五识眼耳鼻舌身，"心止于符"犹第六识意。"符"由见分、相分而合成，也就是"想"，从相从心。"气也者，虚而待物者也。"主客观合一而丧我之象，盖以气听气，乃道家所谓混沌境界，犹七识而八识。"唯道集虚。虚者，心斋也。""唯道集虚"，犹转识成智，且涉及八识之间的交通。

> 颜回曰："回之未始得使，实自回也；得使之也，未始有回也。可谓虚乎？"

"我没有听你的话时，还有个我；听了你的话，我没有了。这是虚吗？"颜回受到孔子的感化，内心的渣滓尽化，通体透明，这是大德说法的验证。使，点拨。

> 夫子曰："尽矣。吾语若。若能入游其樊，而无感其名，入则鸣，不入则止。

"尽矣"，完全对了，照应上文"非所以尽行也"。"若能入游其樊，而无感其名"，不为名相所惑（maya），不受其限制。"入则鸣，不入则止。"听得进就讲，听不进就放弃。

> 无门无毒。

郭象注："使物自若，无门者也。付天下之自安，无毒者也。""无门",参考《知北游》:"其来无迹,其往无涯,无门无房,四达之皇皇也。""无毒",毒,治也。参考《易·师》:"以此毒天下而民从之,吉又何咎矣。"且毒犹药也,药犹毒也,亦可如字。此句针对前文"医门多疾"而来,而完全翻上一层,故曰"无门无毒"。因为有疾病才需要对治,而对治本身也引发疾病,"无门无毒"取消了对治,也化解了疾病。又"医门多疾",参考《五灯会元》卷二双林善慧大士章次:"炉鞴之所多钝铁,良医之门足病人。""无门无毒",参考同卷文殊菩萨章次,文殊菩萨一日令善财采药,曰:"是药者采将来。"善财遍观大地,无不是药。却来白曰:"无有不是药者。"殊曰:"是药者采将来。"善财遂于地上拈一茎草,度与文殊。文殊接得,呈起示众曰:"此药亦能杀人,亦能活人。"

一宅而寓于不得已,则几矣。

"一宅而寓于不得已",参见《庚桑楚》"动以不得已之谓德"。庄书反复言"不得已",此即"虚而待物",亦即顺应自然。《淮南子·原道训》:"万方百变,消摇而无所定。"把最后的家安放于"不得已",安放于不确定之处,此即唯一安全之所,故曰"则几矣"。

　　绝迹易，无行地难。为人使易以伪，为天使难以
伪。闻以有翼飞者矣，未闻以无翼飞者也。闻以有知知者
矣，未闻以无知知者也。

　　"绝迹易，无行地难。""绝迹易"，谓狮子扫迹，羚羊
挂角。"无行地难"，参考《五灯会元》卷五船子德诚章次：
"藏身处没踪迹，没踪迹处莫藏身。""为人使易以伪，为天
使难以伪。"乃天人之分，参考《庚桑楚》："性之动谓之
为，为之伪谓之失。"相对言之，性之动为天使，为之伪为人
使。"闻以有翼飞者矣，未闻以无翼飞者也。"有翼飞有待，
无翼飞无待。发挥特长导致初步的成功，而此特长又可能成为
进一步成功的阻碍。"闻以有知知矣，未闻以无知知者也。"
"以有知知者"局促于有限，"以无知知者"通往于无限，不
知而知乃判断力，故《老子》四十七章云："不出户，知天
下"。《论语·子罕》曰："吾有知乎哉，无知也。有鄙夫问
于我，空空如也，我叩其两端而竭焉。"

　　瞻彼阕者，虚室生白，吉祥止止。夫且不止，是之
谓坐驰。

　　"瞻彼阕者，虚室生白，吉祥止止。"看到这种境界的

人，空虚的房间充满白光，吉祥的景象在涌动。"虚室"即"一宅"之验，《释文》引司马彪云："心能空虚，则纯白独生也。""夫且不止，是之谓坐驰。"停就是不停，此即坐驰，也就是后来道家大小周天的景象。

> 夫徇耳目内通而外于心知，鬼神将来舍，而况人乎？

此即《论语·为政》"六十而耳顺"之象，其境界高于"五十而知天命"。"夫徇耳目内通"，沿着耳目的路线向内走（turning inward）。"而外于心知"，比心知还深入，亦即思虑所不能及。《天下篇》："上与造物者游，而下与外死生、无终始者为友。""外于心知"的外，就是"外死生"的外。又"夫徇耳目内通而外于心知"成泰卦之象，相对于"外合而内不訾"成否卦之象。而"鬼神"者，二气之良能也，不可执著于具体形象。

> 是万物之化也，禹、舜之所纽也，伏戏、几蘧之所行终，而况散焉者乎！"

"是万物之化也"，是一切变化的总根源。"禹、舜之所纽也，伏戏、几蘧之所行终"，禹、舜相合于社会，伏戏、几遽相合于自然。禹、舜或可当公天下过渡到家天下之变化，伏戏、几遽尚可能有更深之义。伏戏（《荀子·成相》同）通作伏羲，伏戏造八卦，是中华文明的人文始祖。"几遽"为上古帝王，其时尚在伏戏之前，乃八卦之根。此名他处典籍未见，乃庄子神来之笔，盖卒章显志也。"几"或可通"幾"，幾者动之微，吉之先见者也。"遽"者刹那刹那变化，参考《应帝王》"南海之帝为儵，北海之帝为忽"。伏戏尚属地球文化，几遽相合于光，已入银河系。"而况散焉者乎"，何况其余大大小小的物和人呢。此一本散为万殊，乃本末兼该之象。

叶公子高将使于齐，问于仲尼曰："王使诸梁也甚重。齐之待使者，盖将甚敬而不急。匹夫犹未可动，而况诸侯乎。吾甚栗之。

"叶公子高将使于齐"，叶公子高，楚庄王玄孙，姓沈，名诸梁。《论语·子路》记叶公问政，应该就是此人。"问于仲尼曰"，向孔子求教，知道孔子会负责对他说。"王使诸梁也甚重"，出使是因为本国有问题解决不了，需要别国的帮助，最好由他人火中取栗，而自己坐享其成。别国的人也同样这么想，谁会让你称心如意呢？一切担子都压在使者身上，叶公感到有点扛不住了。"齐之待使者，盖将甚敬而不急。"还没有出使呢，齐国的态度就可以预料到了：非常客气，招待很周到，但就是绕来绕去，不肯直奔主题。你心急如焚，他很安稳，如果追得急了，总会找一些借口来搪塞。"匹夫犹未可动，而况诸侯乎。"一般人也有自己的主见，其实是劝服不了的。诸侯涉及各自的国家利益，就更难劝服了。"吾甚栗之。"平时养尊处优惯了，这一次才真正感到了恐惧。

> 子常语诸梁也曰：'凡事若小若大，寡不道以欢成。事若不成，则必有人道之患；事若成，则必有阴阳之患。若成、若不成而无后患者，惟有德者能之。'

"凡事若小若大，寡不道以欢成。"事情无论大小，几乎没有不合于道而能欢欢喜喜地做成的。"寡不"双重否定，也就是肯定。"以欢成"不但包括今天的所谓"双赢"（win-win），而且两情相悦、人神共助，得到了周围环境的支持。"欢成"江南古藏本作"成欢"，其义有异。"欢成"是欢欢喜喜地成功一件事，"成欢"是成功一件欢欢喜喜的事。前者手段和目的统一，后者或手段僭夺目的，故"欢成"胜于"成欢"。"事若不成，则必有人道之患"，谓事若不成，必然要承担相应的后果。"人道之患"有两方面，大的方面是国家利益受损失，小的方面是来自君王的不悦甚至惩罚。"事若成，则必有阴阳之患"，事若成，还有许多后续的变化，不可能一劳永逸。"阴阳之患"谓消息，这是天地间最厉害的力量。世界上每一样具体事物都有其寿命，都需要能量维持，都处在消息之中。比如世界十大财团，过十年总要换去其中几个，这就是"阴阳之患"。"若成、若不成而无后患者，惟有德者能之"。既能免"人道之患"，又能免"阴阳之患"的人，只能是有德者。此可相应《易》要"无咎"之义，亦即《文言》所谓"知进退存亡而不失其正者，其唯圣人乎"！

> 吾食也执粗而不臧，爨无欲清之人。今吾朝受命而夕饮冰，我其内热与？

"吾食也执粗而不臧"，粗茶淡饭，无心享用精美饮食。"爨无欲清之人"，吃饭也不讲究环境清净，马马虎虎对付一顿算了。"今吾朝受命而夕饮冰，我其内热与？"心情兴奋激动，"饮冰"以减轻焦虑。清末梁启超自号"饮冰室主人"，表达他对祖国的热爱和对时局的担忧，化用了这里的典故。我们的国家不要成为欧西、日本眼中的老大帝国，少年中国快点来呀，快点来呀（《少年中国说》）！

吾未至乎事之情，而既有阴阳之患矣。事若不成，必有人道之患。是两也，为人臣者不足以任之。子其有以语我来。"

上文孔子之语可以有二解：一，人道之患与阴阳之患平行，故以事若不成、事若成分列之。二，人道之患和阴阳之患递进，那么即使努力摆脱了人道之患，仍然还有摆脱不了的阴阳之患。叶公本来只知道事若成后的阴阳之患，至此被逼着急了，才感受到人身上本来存在，他因为条件优越而一直没有感受到的阴阳之患。原来阴阳之患不但在成后，而且在成前，不但在事，而且在人。

"吾未至乎事之情"，实际的事情还没有发生，阴阳之患就已经来了。情谓实，也就是事的核心，至此方有成、不成之变。"为人臣者不足以任之"，"任"谓承负、担当，也就是《系辞下》所谓"德薄而位尊，知小而谋大，力少而任重"。"子其有以语我来"，这句话和孔子对颜回之言相同，大致是长辈对下辈或平辈之间的语气。叶公如此说，既是因为他的达官习气，也是因为有些着急："老师你总应该告诉我点什么吧！"或："老师你快些告诉我点什么吧！"其实孔子始终教他的是"有德者"，而叶公只知道自己是"为人臣者"，其间一直存在着极大的认知错位，难以弥合。一旦事情真的来了，临时抱佛脚还来得及吗？对于这样的失礼称呼，孔子坦然不以为意，可见其平实，而叶公未能尊师，有大我慢之象。后世刘向《新序·杂事》有"叶公好龙"传说，亦可相应于本节。孔子"百世师"，不就是龙吗？在叶公身边而不知呢，故"叶公非好龙也，好夫似龙而非龙者也"。

> 仲尼曰："天下有大戒二：其一，命也；其一，义也。子之爱亲，命也，不可解于心；臣之事君，义也，无适而非君也，无所逃于天地之间。是之谓大戒。"

古所谓"天地君亲师"，天地是人和自然的关系，君亲师是人和社会的关系。孔子是师，为叶公解释君、亲关系，而此关系仍在天地间，可见五者不能彼此脱离。以天下之大戒言，人和亲的关系就是"命"，"命"字别有解，此处指生来如此，所谓"出身是不可选择的"。"不可解于心"，因为血亲间有种种说不清的联系，有不知其然而然者。人和君的关系就是"义"，"义"者宜也，分所当为，不管你愿意不愿意。"无所逃于天地之间"，是因为人不能脱离社会共同体而生存，郭象所谓"与人群者，不得离人"，亚里士多德《政治学》卷一所谓自外于城邦的人，不是神明就是野兽（《政治学》1253a，吴寿彭译，商务印书馆，1983年版，第9页）。古来称颂伯夷、叔齐"义不食周粟"，鲁迅《故事新编·采薇》借小说人物之口嘲笑道："难道你们食的薇，不是周天子的吗？""天下有大戒二"，一为家，一为国，而汉语以国、家连称，是中国文化的特殊思路。然而"大戒"而在"天下"，则所谓社会仍联系于自然，参考《庚桑楚》："寇莫大于阴阳，无所逃于天地之间。""天下大戒"的"不可解"而"无所逃"，是处世必须面对的事实。然而执著于此，决非究竟，所谓"师"就是达成对"天地"（天）、"君亲"（人）关系的理解，此之谓"相应"（correspondences）。"师"外尚有"友"，"友"相从于"师"。因为"友"之为友，有其不言而喻的纽带，《周礼·地官·大司徒》郑玄注所谓"同师曰朋，同志曰友"。在中国古代，学问上的朋友是天下最美的关系之一，而酒肉之交不足以为友也。

> 是以夫事其亲者，不择地而安之，孝之至也。夫事其君者，不择事而安之，忠之盛也。自事其心者，哀乐不易施乎前。知其不可奈何而安之若命，德之至也。为人臣子者，固有所不得已。

"是以夫事其亲者，不择地而安之，孝之至也。夫事其君者，不择事而安之，忠之盛也。"事其亲、事其君乃家国一致之象，为最基本的社会关系。不择地、不择事而安之，献身之象，亦即教孝、教忠的由来。"自事其心者，哀乐不易施乎前"。自事其心者，向自己内心做工夫的人。哀乐不易施乎前，不动心之象，《养生主》："安时而处顺，哀乐不能入也。"施乎前，纷纷扰扰的景象。施，陈也，移也。事其亲、事其君乃儒家概念，自事其心涉入道家概念，因为有家国垫底，故非空虚寂灭之教。"知其不可奈何而安之若命，德之至也。"此偷换儒家概念，盖孔子"知其不可而为之"（《宪问》），庄子"知其不可奈何而为之"，前者积极，后者似消极，其同乎异乎？又"知其不可奈何而安之若命，德之至也"，亦见《德充符》，盖庄书主要观念之一。"为人臣子者，固有所不得已。"《易·艮》与《论语·宪问》皆曰"君子思不出其位"，不在位可以不管，在位则决不能逃避，此即担当与责任。

　　行事之情而忘其身，何暇至于悦生而恶死！夫子其行可矣。

此即林则徐《赴戍登程口占示家人》："苟利国家生死以，岂因祸福避趋之。"叶公"未至于事之情"，是还没有发生前的先行退缩。而孔子"行事之情"，就在此处深入，决不苟且，真大勇也。"夫子其行可矣"，毅然决然之象。

丘请复以所闻。凡交，近则必相靡以信，远则必忠
之以言。言必或传之，夫传两喜两怒之言，天下之难者
也。夫两喜必多溢美之言，两怒必多溢恶之言。凡溢之类
妄，妄则其信之也莫，莫则传言者殃。故法言曰：传其常
情，无传其溢言，则几乎全。

"丘请复以所闻。"先从大道理推出结论，再引古人
之语作为印证。《易·大畜》："君子以多识前言往行以畜
其德。"所闻者，前言往行也。"凡交，近则必相靡以信，
远则必忠之以言。"凡交往的人，接近则彼此知根知底，
不必多说就相信了。靡，倾倒、服帖、抚爱，乃至所谓驯养
（be tamed）。疏远则容易产生误解，所以对语言有诚信的要
求，或以契约固定之。"言必或传之"，"必"谓一定传到它
要到达的位置上去，"或"谓其途径或时间不可确定。《伪古
文尚书·大禹谟》："唯口出好兴戎。"西谚云："没有说出
口的话，你是它的主人；已经说出口的话，你是它的仆人。"
"夫传两喜两怒之言，天下之难者也。夫两喜必多溢美之言，
两怒必多溢恶之言。"两喜两怒之言未能平情，故与真相差距
甚远，不可简单听信。"凡溢之类妄，妄则其信之也莫，莫
则传言者殃。"溢为夸张，尚有真实的影子；妄由虚构而来，
已接近于编造。而溢与妄相似，不能使人相信，这样传话的

人就要倒霉了。类，似也；莫，无也。参考陆游《钗头凤》：
"错，错，错。……莫，莫，莫。""故法言曰：传其常情，
无传其溢言，则几乎全。"法言，古代传下的格言。法者，正
也，平也。努力去伪存真，或能得其常情。"几乎全"，于国
家、个人谓安全，相对于"传言者殃"。于言谓周密，此即所谓
"辞达"，《论语·卫灵公》："辞达而已矣。"

> 且以巧斗力者，始乎阳，常卒乎阴，泰至则多奇巧。
> 以礼饮酒者，始乎治，常卒乎乱，泰至则多奇乐。凡事亦
> 然，始乎谅，常卒乎鄙；其作始也简，其将毕也必巨。

此即阴阳消息。事情往往在开始时是好的，却常常得到
始料未及的结果。《诗·大雅·荡》："靡不有初，鲜克有
终。""奇巧"谓诡计，"奇乐"谓乱性，"谅"为君子，
"鄙"为小人。谅，诚也；或谓谅，都也。《淮南子·诠言
训》："故始于都者常大于鄙。"都谓堂堂正正，鄙者局促
也。"其作始也简，其将毕也必巨"，宜注意复初、姤初。
《易·坤》所谓"履霜，坚冰至"，可不慎乎？

> 夫言者，风波也；行者，实丧也。夫风波易以动，
> 实丧易以危。故忿设无由，巧言偏辞。兽死不择音，气息

莅然，于是并生心厉。克核大至，则必有不肖之心应之而
不知其然也。苟为不知其然也，孰知其所终。

"言"者其始，"行"者相随。"风波"摇荡，无事亦可
起，故"易以动"。"实丧"一去不复回，乃确实之亏损，故
"易以危"。"行"由于"忿设"，而"忿设"来自"言"，
亦即"巧言偏辞"。"忿"谓情绪之推动，"设"谓内在程序
的形成。"兽死不择音，气息莅然，于是并生心厉。"兽在健
康时是择音的，所谓"虎啸、龙吟、狮吼"甚至"狼嗥"皆其
正音，为同伴之间的呼应并示威于敌。处于食物链下游的动
物，其弱者或为所震慑而成为捕食的对象。兽一般不主动攻击
人，因为人非其食物链上之首选。而困兽、惊兽、病兽乃至孕
兽则不然，盖感受到死亡的威胁，故"不择音"而反扑，产
生攻击之心。"克核大至，则必有不肖之心应之而不知其然
也。"乃感应之自然，所谓"怒从心头起，恶向胆边生"。
"苟为不知其然也，孰知其所终。"一旦到了这样的程度，后
果就不堪设想了。因果相沿无穷，故有"菩萨畏因，众生畏
果"之说。

　　故法言曰：'无迁令，无劝成，过度益也。'迁令
劝成殆事。

"迁令"，改变命令，即所谓"将在军，君令有所不受"（《史记·司马穰苴列传》）。因事态发展变化多端，君王制定的命令不一定适合新情况，故执行者应该有相当程度的便宜行事权，银雀山竹简《孙膑兵法》所谓"御将不胜"是也。然而君王当时虽然因得胜而赞赏，事后却往往耿耿于怀。"劝成"是促进，所谓"拔苗助长"。"迁令"逆君，"劝成"逢君，此皆过度，"过度益也"，"益"谓过与不及。

> 美成在久，恶成不及改，可不慎与？

成其好事往往需要很长的时间，坏事一成，要改却来不及。此即《国语·周语》所谓"从善如登，从恶如崩"或"学好难，学坏易"，《易》所谓"阳一阴二"之旨，可不慎与？

> 且夫乘物以游心，托不得已以养中，至矣。何作以
> 为报也？莫若为致命，此其难者。"

"且夫乘物以游心，托不得已以养中"，谓随物变化，养心于困境之中。人间世毕竟是有局限的存在，实无可奈何，亦不得不然。试比较《逍遥游》："乘云气，御飞龙，以游乎四海之外"，何等豪迈，而到了《人间世》，却荆天棘地，处处都是限

制，只能反诸已而作调整。然而两者真的不同吗？识其不同而同，方可知庄之用心处。且深入以究之，乘物是物来而应，游心是把心一点点拓展开来，不得已是顺其自然，亦即所谓不可奈何，养中相当于养心，但比养心更深，盖风波之中心无风波也。养中者，犹《养生主》"缘督以为经"，初似极窄，渐渐开阔，终于出现一片新天地。"何作以为报也？"应该如何回应呢？"莫若为致命，此其难者。"关键是跨出第一步："致命。"此"致命"即《易·困》"君子以致命遂志"，献身而不为自己留余地。因为余地就在不留余地之中，跨出最艰难的一步，以后就顺畅了。本节没有记载叶公的回答，这位达官贵人能放弃自己吗？

颜阖将傅卫灵公大子，而问于蘧伯玉曰：

由君道、臣道而师道。蘧伯玉，名瑗，卫大夫，行年五十而知四十九年之非也（《淮南子·原道训》）。《论语·宪问》称其"欲寡其过而未能也"，《则阳》谓"蘧伯玉行年六十而六十化"，实终身修持之象，故可以为师。大子即太子，大读若泰。

"有人于此，其德天杀，与之为无方，则危吾国，与之为有方，则危吾身。其知适足以知人之过，而不知其所以过。若然者，吾奈之何？"

"其德天杀"，十恶不赦之人，俗称"杀胚"，可参考佛家所谓"一阐提"。"与之为无方"，不坚持原则；"与之为有方"，坚持原则。"其知适足以知人之过"，犹如手电筒之足以照人。"而不知其所以过"，却不知反观自身的过失，犹前文"轻用其国而不见其过"。"若然者，吾奈之何？"怎么办？

蘧伯玉曰："善哉问乎！戒之慎之，正女身也哉。

"善哉问乎！"人类社会难以完全消除暴政，此涉及在暴政下如何自处，有普遍意义。"戒之慎之，正汝身也哉。"一切归结于自身，与《大学》"自天子以至于庶人，壹是皆以修身为本"，大略相同。然《大学》为静态之象，可相应于治世。此"戒之慎之"为动态之象，可相应于乱世。

形莫若就，心莫若和。虽然，之二者有患，就不欲入，和不欲出。形就而入，且为颠为灭，为崩为蹶。心和而出，且为声为名，为妖为孽。

"形莫若就，心莫若和。"乃教育之大法。"虽然，之二者有患"，即使做到了，仍然有问题。"就不欲入，和不欲出。"再深入一层，成中道之象，且化其中。"形就而入，且为颠为灭，为崩为蹶。"犹为虎作伥。"心和而出，且为声为名，为妖为孽。"犹站到对立面。金庸于2003年8月接受某电视台采访云："政治要先拍马屁，然后给他提意见。"此或古之婉而多讽乎，吾恐其终不免为劝而已。

　　彼且为婴儿，亦与之为婴儿。彼且为无町畦，亦与之为无町畦。彼且为无崖，亦与之为无崖。达之入于无疵。

　　化除痕迹，乃达成天和。参考《逍遥游》："使物不疵疠而年谷熟。"疵者，盖此处还有力点，当化工夫消除之。上文"为人之所为者，人亦无疵焉"，尚有勉强痕迹，而此处之"无疵"，乃自然开放也。

　　汝不知夫螳螂乎，怒其臂以当车辙，不知其不胜任也，是其才之美者也。

　　只知一己之力，而未知大势至、不得已，故不自量力。是，犹自我肯定（arrogant），为实意动词，非系动词。或谓是通于恃，亦成一说。才之美者，参考《论语·泰伯》："如有周公之才之美，使骄且吝，其余不足观也已。"

> 戒之慎之。积伐而美者以犯之，几矣。

两言"戒之慎之"，小心了还要再小心。积伐，积谓有其资本，伐谓批评别人，或抬高自己，美谓自视甚高。凡居功自傲者，必然功高震主。几矣，差不多足够危险啦。

> 汝不知夫养虎者乎，不敢以生物与之，为其杀之之怒也。不敢以全物与之，为其决之之怒也。时其饥饱，达其怒心。

侵消之象，时时见其枢机而不犯，参考《老子》七十九章"执左契而不责于人"。"生物"有广、狭二义，广义指有生命的存在，如《逍遥游》"生物之以息相吹也"。狭义指动物，如此处"不敢以生物与之"。西方animal一词，古今也有不同意义。"动物"（animal）在希腊的意义上不是指野兽，而是任何"有生命的存在（animated being），包括魔鬼、诸神、有灵魂的星宿——乃至有灵魂的整个宇宙（参Plato，Timaeus 30c）"④。《逍遥游》的"生物"可比较希腊意义上的animal，此处的"生物"，可比较现代意义上的animal。不敢把活的动物给老虎，怕它在咬死动物时，把怒气给引发出来。不敢把完整的动物给老虎，怕它在撕碎动物时，把怒气给引发出来。时其饥饱，掌握其饥饱的时机。达其怒心，疏导其怒心，使其释放于无害之地。

　　虎之与人异类，而媚养己者，顺也。故其杀者，逆也。

顺与逆不同，产生媚与杀不同的结果，因为虎亦有其弱点。媚养己者，犹亲近动物园饲养员。

　　夫爱马者以筐盛矢，以蜄盛溺，适有蚊虻仆缘，而拊之不时，则缺衔毁首碎胸。

千密无功，一失有过，且当以马养养马也，非以己养养马也。蜄，大蛤。矢溺，大小便。仆缘，附在马身上叮咬。缺衔，挣脱束缚，咬断勒口。毁首碎胸，或谓撞毁笼头，挣脱胸络，或谓不惜伤害人。

　　意有所至，而爱有所亡。可不慎邪！"

虎性凶残，然而意有所至，或媚养己者。马性易驯，然而爱有所亡，缺衔毁首碎胸。且有所至，有所不至；有所爱，有所亡。此皆未可确定，故可不慎邪。

匠石之齐，至乎曲辕，见栎社树。其大蔽数千牛，絜之百围，其高临山十仞而后有枝，其可以为舟者旁十数。观者如市，匠伯不顾，遂行不辍。

曲辕，地名。栎社树，栎树种于社者，盖其土所宜木，参考《论语·八佾》："夏后氏以松，殷商以柏，周人以栗。""其大蔽数千牛"，一本作"其大蔽牛"，以寓言的夸张手法观之，作数千为是，亦栎社树之气象也。旁，接近。"观者如市，匠伯不顾，遂行不辍。"继续走自己的路而不停下来，盖有其不同于常人的独特判断。

弟子厌观之，走及匠石曰："自吾执斧斤以随夫子，未尝见材如此其美也。先生不肯视，行不辍，何邪？"曰："已矣，勿言之矣。散木也，以为舟则沉，以为棺椁则速腐，以为器则速毁，以为门户则液樠，以为柱则蠹。是不材之木也，无所可用，故能若是之寿。"

弟子厌观之，饱看了一顿。厌，足也。走及，加快步伐赶上。匠石不肯视，行不辍，除了看出散木即不材之木以外，且从市场视角作辅助判断，因为无用方能保存至今，否则早被人砍掉了。栎社树之用当以其本身为目的，匠石以外在效用观之，自然不对。

匠石归，栎社见梦曰："女将恶乎比予哉？若将比予于文木邪？夫柤梨橘柚，果蓏之属，实熟则剥，剥则辱，大枝折，小枝泄。此以其能苦其生者也，故不终其天年而中道夭，自掊击于世俗者也。物莫不若是。

见梦，出现于梦中，犹栎社树之托梦。匠石虽然说出了判断，但内心还是有所不安，故有此梦。"女将恶乎比予哉？若将比予于文木邪？"你把我和什么相比呢。文木相对散木而言，指文理正常的树木。"实熟则剥，剥则辱"，剥，扑击，落也。"大枝折，小枝泄。"折谓折断，泄谓走气。"此以其能苦其生者也"，参考《列御寇》："巧者劳而智者忧，无能者无所求。""故不终其天年而中道夭"，此其戕生，参考《养生主》："可以尽年。"《大宗师》："终其天年而不中道夭者，可谓知之盛也。""自掊击于世俗者也。"世俗人打击你，也是你自己招来的呀。参考《齐物论》："咸其自取，怒者其谁邪。""物莫不若是。"由个别而普遍，转折有力。

且予求无所可用久矣。几死，乃今得之，为予大用。使予也而有用，且得有此大也邪？且也若与予也皆物也，奈何哉其相物也！而几死之散人，又恶知散木？"

"且予求无所可用久矣。""求无所可用"乃废其体，"久矣"为长时间摸索和修持，《易·恒》："天地之道，恒久而不已也。""几死，乃今得之，为予大用。"几死，乃久中之波折，生死边缘走一遭，且为极大之加持，终于得之而成其大用。"使予也而有用，且得有此大也邪？"如果有用早就砍伐完了，如何能蓬蓬勃勃生长呢。"且也若与予也皆物也，奈何哉其相物也！"此观念极现代，盖他人是地狱，他物皆为用，未能见其本身自成目的，乃成异化之世界。否定"相物"，即彼此把对方当作可利用的物，即肯定"相人"，即彼此把对方看成不可替代的生命。"而几死之散人，又恶知散木？"把有用、无用反转过来，所谓有用正是无用，乃反戈一击之象。而匠石自以为有用，其实于天地之间仍为散人而已。此后道家以贬为褒，用作正面义，故"散人"常被作为道号，如烟霞散人、江湖散人。

匠石觉而诊其梦，弟子曰："趣取无用，则为社何邪？"曰："密！若无言，彼亦直寄焉，以为不知己者诟厉也。不为社者，且几有翦乎！且也彼其所保与众异，而以义誉之，不亦远乎？"

"匠石觉而诊其梦"，诊，参详，研究，合计。向秀、司马彪谓占梦，稍过之。王念孙以为通"畛"，告也，稍不及。"趣取无用，则为社何邪？"既然那么追求无用，又为什么要做栎社树呢？此为有力的反驳。趣为趣向、意向，或谓趣为急促，亦成一说。密，闭嘴，不要这样说，犹禁言，可比较禅家之掩口（《五灯会元》卷三庞蕴居士章次）。且密者，默（mum）也，默然深思（muni），犹所谓秘（mysterious）也。又趣取无用之问有失，因趣若作趣向，则趣向即乖；而趣作急促，禅家有所谓"著甚么死急"（《五灯会元》卷五石霜庆诸章次，卷七雪峰义存章次）。"彼亦直寄焉"，隐故不自隐之象，盖无可藏，亦不必藏。"以为不知己者诟厉也。"因为总会有人说你好，也总会有人说你不好。且大人之成长，即在诟厉中成其象，亦可借诟厉以消业。"不为社者，且几有翦乎！"若不为社，则人不复加以礼敬，且遭剪伐，此大隐隐于市之象。"且也彼其所保与众异。"犹如化学中之同位素，相去极微，却为关键的差别。"以义誉之，不亦远乎？"不可以常情测度。誉，郭庆藩《集释》据世德堂本改作喻。

　　南伯子綦游乎商之丘，见大木焉有异，结驷千乘，隐将芘其所藾。

　　南伯子綦当即《齐物论》之南郭子綦，郭犹生物之空间，伯犹生物之时间。而前隐几，此出游，静、动之别也。"游乎商之丘"，于空间见时间，似追溯文化之源头。"见大木焉有异"，此树与他树不同，亦见子綦之眼光不同。"结驷千乘，隐将芘其所藾。"乃大乘之象，无用之用。"结驷千乘"，参考上文"其大蔽数千牛"，且彼此相应。隐，伤于热而躲入荫凉之地。芘，一作庇。藾，树荫也。

子綦曰："此何木也哉，此必有异材夫。"仰而视其细枝，则拳曲而不可以为栋梁。俯而视其大根，则轴解而不可以为棺椁。咶其叶，则口烂而为伤。嗅之，则使人狂醒三日而不已。

异材，非寻常标准可衡量。狂醒三日而不已，大醉之象。

子綦曰："此果不材之木也，以至于此其大也。嗟乎，神人以此不材。"

"以至于此其大也"，呼应上文"且得有此大也邪"；"神人"呼应上文"散人"，且照应《逍遥游》之"神人无功"，《天下篇》之"不离于精，谓之神人"。

宋有荆氏者，宜楸柏桑，其拱把而上者，求狙猴之
杙者斩之。三围四围，求高名之丽者斩之。七围八围，贵
人富商之家求禅傍者斩之。

荆氏，或谓地名，或谓人名。宜楸柏桑，适合生长楸树、
柏树、桑树。其拱把而上者斩之云云，求物尽其用，故一层一
层地砍伐。求高名之丽者，需栋梁之材。参考扬雄《解嘲》：
"炎炎者灭，隆隆者绝。……高明之家，鬼瞰其室"；《红
楼梦》第一回"好了歌"："金满箱，银满箱，转眼乞丐人
皆谤。"

故未终其天年，而中道之夭于斧斤。此材之患也。

消耗，透支，今有所谓"中年危机"。中道夭，或为普
遍现象，故庄书屡言之。《说文解字》释"幸"字："吉而
免凶也。从屰（即逆的本字），从夭。夭，死之事，死谓之不
幸。"故"幸"者，幸福也，幸运也；"幸"当用逆，逆天
也。此即所谓修持工夫，吉而免凶为幸，亦自求多福而已。

故解之以牛之白颡者，与豚之亢鼻者，与人有痔病
者，不可以适河。

解，禳解。适河，《释文》引司马彪云："沈人于河祭也。"此即《史记·滑稽列传》河伯取妇之象。始作俑者，其无后乎。

此皆巫祝以知之矣，所以为不祥也，此乃神人之所以为大祥也。

巫祝之不祥乃神人之大祥，神人高于巫祝。

支离疏者，颐隐于脐，肩高于顶，会撮指天，五管在上，两髀为胁。

支离疏乃散其体者，亦即《大宗师》所谓"畸人"也。

挫针治繲，足以糊口。鼓筴播精，足以食十人。

而且有其谋生能力。

上征武士，则支离攘臂而游于其间。上有大役，则支离以有常疾不受功。上与病者粟，则受三钟与十束薪。

功成身退似不自已，且参加而不以为主。

　　夫支离其形者，犹足以养其身，终其天年，又况支
离其德者乎！

形外而德内，形德之相成，犹性命之合一。支离者，拆
得粉碎。而疏者，通也。只要维持一系统，难以避免周期性振
荡。支离其德者，乃破体为用，故可与振荡合一，以免其失。

　　孔子适楚，楚狂接舆游其门曰："凤兮凤兮，何如
德之衰也！

接舆之歌又见《论语·微子》，与本篇文字有异同。究
其异同之故，可能当初有不同的流传版本，也可能出于庄子的
改动，以回应《论语》的批评。楚狂接舆，道家人物，姓陆名
通，字接舆。此句《论语》略同。于先秦文化而言，凤可当儒
家之象，龙可当道家之象。故儒于道有"犹龙"之叹，道于儒
有"凤兮"之歌。

　　来世不可待，往世不可追也。

《论语》作"往者不可谏，来者犹可追"。此句"往世不可追"，即《论语》"往者不可谏"；然而"来世不可待"不同于《论语》"来者犹可追"。于儒家而言，"来者犹可追"，可当其救世悲心的流露。于道家而言，"来世不可待"，待来世，追往世，未得当下之理。若化而得其当下，《金刚经》有所谓"过去心不可得，现在心不可得，未来心不可得"。如此核诸上文，银雀山《太公》残简"往者不可及，来者不可侍（待）"，从道家一路。《汉书·晁错传》"来者犹可待"，从《论语》一路。引文思想不同，究其立言则各有其宜。

天下有道，圣人成焉。天下无道，圣人生焉。

《论语》无。成犹随喜，生犹应世。

方今之时，仅免刑焉。

《论语》无。世蕲乎乱，故孰弊弊焉以天下为治。

福轻乎羽，莫之知载；祸重乎地，莫之知避。

《论语》无。方向相反，南辕北辙。

> 已乎已乎，临人以德；殆乎殆乎，画地而趋。

《论语》作"已而已而，今之从政者殆而"，此亦见儒道立场之不同。盖于儒家而言，道家或仅仅反对从政，疑似消极避世。然而于道家而言，反对从政有其特殊的时代理由，正可以作为善意的提醒。且问题不在于是否从政，而在于是否"临人以德"和"画地而趋"。临人以德，犹强以仁义绳墨之言术暴人之前；画地而趋，乃自限之象，故未能得大自在。已乎已乎，算了吧算了吧；殆乎殆乎，危险啊危险啊。

> 迷阳迷阳，无伤吾行，吾行却曲，无伤吾足。

《论语》无。迷阳，犹阴阳不定，难以确定方向。台静农晚年为人题词，往往喜欢写"人生实难，大道多歧"（前句用《左传》成二年，陶渊明《自祭文》亦用之，后句用《列子·说符》），盖感慨系之。张大千《老叟出行图》题词，亦有"老人行路叹迷阳"之句。无伤吾行，不要妨碍我走路。吾行却曲，犹极难走的路，有时前行，先须后退，且必弯弯曲曲而行，犹庖丁之解牛。无伤吾足，又如刀锋，徐梵澄译《羯陀

奥义书》第二章云："有如利刃锋，难蹈此路危。"（《五十
奥义书》，中国社会科学出版社，1984年版，第365页）此句即
毛姆小说《刀锋》（*The razor's edge*）的题辞："人很不容易越
过刀锋，因此智者说得救之道是困难的。"（The sharp edge of a
razor is difficult to pass over \ thus the wise say the path to salvation
is hard.）然而"无伤吾行"，"无伤吾足"，或已成解脱。

> 山木自寇也，膏火自煎也。桂可食，故伐之。漆可
> 用，故割之。人皆知有用之用，而莫知无用之用也。

此一篇之结语，乃自作自受，无用有其大用。

### 注释

① 参见伯纳德特《施特劳斯的〈城邦与人〉》，刘小枫主编《施特劳斯与古典政治哲学》，上海三联书店，2002年版，第561—562页。

② 《考古发现的秦汉文字资料对校读古籍的重要性》，见《裘锡圭自选集》，大象出版社，1994年版，第148页。

③ 《罗念生全集》第二卷，《埃斯库罗斯悲剧三种、索福克勒斯悲剧四种》，上海人民出版社，2004年版，第356—357页。或译："你是君王，我是百姓，但我们都有发言权。"更简明直截。

④ ［德］约纳斯（Hans Jonas）《灵知主义、存在主义、虚无主义》，见《灵知主义与现代性》，刘小枫选编，张新樟等译，华东师范大学出版社，2005年版，第50页注。

# 《德充符》析义

解题：德，道德；充，充实，充足；符，符合，征验。道德充实，且显现于外，散发美的光华，乃德充之符验。"德充符"之德，乃人类道德之基础，非仅指世间礼法的形式。郭象注："德充于内，物应于外，外内玄合，信若符命，而遗其形骸也。"通篇写几位肢体残缺，道德完美之人，瑰丽而神奇。后世道教的发展，如铁拐李、张果老等八仙形象，皆与此相应。参考《维摩诘经·佛道品》："示人形残而具足相好以自庄严。"

　　鲁有兀者王骀，从之游者与仲尼相若。

　　兀者，因受刑而失去一只脚的人，在形体上有特殊标志。在公元前的轴心时代（the axial period），有兴趣于学问之人必须接触知识中心，方能理解当时文化的最高成就。知识中心有两条件，一为地，生于上国，如希腊、印度、中国等，因为世界各地的发展有其不平衡。一为人，往往是宗教领袖或学派领导人，如释迦牟尼、孔子、苏格拉底等，次一等则有诸子百家。"从之游者"，指从学者，也就是追随师的人。游，于形而上而言，亦即"逍遥游"，上天入地，以得其解脱之道。于形而下而言，亦即游学，不仅包含同道之交流，《论语·学而》："有朋自远方来，不亦乐乎"；而且包含游历各国，吸收各地知识，游说诸侯，推广政治主张。游学往往在行动中感受、领悟，不是坐在屋内不动的。后世儒家"读万卷书，行万里路"，又禅家"赵州八十犹行脚"，尚存古之遗风。古希腊柏拉图身体壮实（Platon，意为前额宽阔，体魄强健），一生三赴西西里岛，参与政治改革，亦有可比拟处。至于亚里士多德逍遥学派，或译漫步学派（Peripatetic School），则以散步时思考、讨论为主，"游"义稍变。

　　常季问于仲尼曰："王骀，兀者也，从之游者与夫子中分鲁。

"中分"，一人一半，分庭抗礼，承"相若"而言。此关涉到文化基因（meme，或译拟子）之间的竞争，故常季以为大问题。

　　立不教，坐不议。

没有正规的教学形式，也不用六经之类的教材，可能在一起做些事，也可能找本书随便谈谈。教学有其实质性内容，而不仅在言谈文辞之间。盖大师如宗庙殿堂，其宏富亦如学问本身，故后世有名言云："所谓大学者，非谓有大楼之谓也，有大师之谓也。"（梅贻琦《大学是什么》，1931年版；刘述礼、黄延复编《梅贻琦教育论著选》第10页，人民教育出版社，1993年版）教和议，两种基本的教学形式。前者满堂灌，本科以下或适合此类方式。后者讨论为主，研究生以上或适合此类方式。

　　虚而往，实而归。固有不言之教，无形而心成者邪？是何人也？"

"虚而往，实而归"，今语所谓"不虚此行"，"满载而归"。《管锥编·序》所谓"实归不负虚往"，语出于此。"实"谓得到丰富的精神滋养，此"踏实"之象，故容光焕发，且来回步行而不累，心理影响于生理。"固有不言之教，无形而心成者邪？""不言之教"，即《老子》第二章"圣人处无为之事，行不言之教"。"无形而心成"，谓由破体而成象，往往哪儿磕着碰着，本来不明白的忽然明白了。如果我们有福，或许有机缘会遇到这样的人，虽然他们在做其他的事，说其他的话（甚至不用说话），我们会突然明白了。此即场之感应，盖气质汇总一切学问。诚于中而形于外，学问者，所谓变化气质是也。"是何人也？"这是什么人呢？难道真有这样的人吗？

> 仲尼曰："夫子，圣人也。丘也直后而未往耳。丘将以为师，而况不若丘者乎！奚假鲁国，丘将引天下而与从之。"

此为常用的文学铺垫手法，以公认的学问最高者孔子为陪衬。以史实而言，先秦本有儒道未分的状况，此一未分的状况仍可由道名之。所谓儒者，可当道之新变。此由儒烘托道，当庄子所阐发的古义。师者上出之象，由国而天下也。

常季曰："彼兀者也，而王先生，其与庸亦远矣。若然者，其用心也独若之何？"

他竟然超过了先生，更不用说平常人了。王（overtake），胜过。与庸亦远（outstanding），亦即物之尤者。兀者之出类拔萃，在其用心，不在其他。常季探究心法，犹追问何以"无形而心成"？

仲尼曰："死生亦大矣，而不得与之变。虽天地覆坠，亦将不与之遗。

前句即《大宗师》"外死生"，《天下篇》"下与外死生、无终始者为友"。"死生亦大矣"，即民谚所谓"除死无大事"。"而不得与之变"，即《汉书·艺文志》"神仙类"所谓"聊以荡意平心，同死生之域，而无怵惕于胸中"。后句乃治心之高境界，参考苏洵《权书·心术》"泰山崩于前而色不变，麋鹿兴于左而目不瞬"。"不与之遗"，不跟着走，或不受任何影响。邓小平戏言："天塌下来有长个子顶着，我人矮。"

审乎无假而不与物迁，命物之化而守其宗也。"

"审乎无假"，自反而缩，一层层分析进去，达到最后的真实。审犹检验，假者假借，凭依也。无假者，桶底脱落，犹无待也。"不与物迁"，不受外界影响，所谓"念起是病，不续是药"，得其主也。"命物之化"，达成物化的主宰，犹得节律之中心，且命犹化也。"守其宗"，《应帝王》"未始出吾宗"，《天下篇》"不离于宗，谓之天人"。

> 常季曰："何谓也？"仲尼曰："自其异者视之，肝胆楚越也。自其同者视之，万物皆一也。夫若然者，且不知耳目之所宜，而游心乎德之和。物视其所一而不见其所丧，视丧其足犹遗土也。"

"何谓也？"常季不能理解，要求进一步解释。"自其异者视之，肝胆楚越也。自其同者视之，万物皆一也"，亦即《天下篇》"万物毕同毕异，此之谓大同异"。"且不知耳目之所宜，而游心乎德之和"，前句参考《楞严经》"六根互相为用"，后句参考下文"不足以滑和"。"物视其所一而不见其所丧"，得其整体且化其整体。因"德充符"之德，不仅指人与人之关系，而且指人与自然之关系，故"视丧其足犹遗土也"，不动心之象。于身而言，丧一局部仍成新的整体，盖已能完形（gestalt）。于天地而言，本来无所丧无所得，此即"视其一"。

常季曰："彼为己，以其知得其心，以其心得其常心。物何为最之哉！"

"彼为己"为出发点。由此分出为学二路："为己"是正路，此路极难亦极易，极远亦极近，因步步踏实而上攀，终可到达顶点而"一览众山小"。王安石《游褒禅山记》："而世之奇伟瑰怪非常之观，常在于险远而人所罕至者焉，故非有志者不能至也。"马克思《资本论》1872年法文版序言："在科学上没有平坦的大道，只有不畏劳苦沿着陡峭山路攀登的人，才有希望达到光辉的顶点。"（《马克思恩格斯全集》第23卷，人民出版社，1972年版，第26页）且千古知音难觅，欲得外界之欣赏与呼应，亦难矣，终以反身自足为是。"为人"是歧路，追求文凭、学历乃至金钱、名望等现世利益，虽或不可免，则于学终无所得，理学所谓"客气"是也。《论语·宪问》："古之学者为己，今之学者为人。"朱熹《集解》引程子注："为己，欲得之于己也。为人，欲见知于人也。"又："古之学者为己，其终至于成物。今之学者为人，其终至于丧己。""以其知得其心，以其心得其常心。"以释家而言，"以其知得其心"，犹比量而现量；"以其心得其常心"，犹现量而圣言量。且"常心"亦即无常心，《老子》四十九章"圣人无常心，以百姓之心为心"是也。参考徐梵澄译《瑜珈的基础》："当由瑜珈而知瑜珈，瑜珈自瑜珈而显"（Yogena yogo jñātavyo yoga yogāt pravartate）（辽宁教育出版社，1998年版，首页）。"物何为最之哉"是效验，"最"为聚集，也就是后世"奇里斯玛"（charisma）现象。郭店楚简《性自命出》："贱而民贵之，有德者也。贫而民聚焉，有道者也。"

仲尼曰："人莫鉴于流水而鉴于止水，唯止能止众止。

流水则不宁，止水则见物，参见下文"鉴明则尘垢不止，止则不明也"。唯正己方能正人，故止能止众止。参见《大宗师》："与乎其止我德也。"交往双方止于至善。又《人间世》："吉祥止止。"止止者，动也，盖止即不止。不言止众动，而言止众止者，众动各有其止，此止其各止之止，故曰止众止。止众止者，已止而众动皆合乎义也。参见《老子》十五章："孰能浊以止静之徐清，孰能安以久动之徐生。"

受命于地，唯松柏独也正，在冬夏青青。受命于天，唯舜独也正，幸能正生，以正众生。

松柏独也正，参考《论语·子罕》："子曰：岁寒，然后知松柏之后凋也。""冬夏"谓四季，青者生气，《红楼梦》开卷第一回所谓"大荒山无稽崖青埂峰"是也。"青"通"靖"，亦通"静"，青（靖）争者，息争也。或谓争"青"，则殊途同归，亦成一说。"受命于天"，此所谓"天子"。"幸能正生，以正众生"，此"天子"之责，可比较古希腊"哲学家为王"（philosopher-king）。又"唯松柏独也正"相应自然，"唯舜独也正"相应社会，"正"从止、一，相应上文"唯止能止众止"。《说文解字》："正，是也，从止一以止。"又于《易》而言，受命于地为坤二，受命于天为乾五。

夫保始之徵，不惧之实，勇士一人，雄入于九军。

"夫保始之徵"，保持最初的勇气，所谓"出家如初，成佛有余"。我们过一个新年（new year resolutions），或者看一场电影，常有善念的发现，然而维持一小段时间就渐渐消散，此即未能"保始"之故。而"最初的就是最后的"，若能"保始之徵"，我们都会比现在好得多呢。奥修某演讲曾引及印度《奥秘之书》："保持注意着最初的火，避免结束时的余火之灰"（《密宗谭崔的精神和性》）。"不惧之实"，"徵"为象，"实"为行，两者互相贯通。若未能合一，则后者较难，禅家所谓"三岁孩儿虽道得，八十老人行不得"（《五灯会元》卷二鸟窜道林章次）。我们观赏《拯救大兵瑞恩》，看那硝烟弥漫的战场，因为没有"之实"。我们观赏《乡村女教师》，看她在落后的地区播撒知识的火种，也因为没有"之实"。如果"之实"，遭遇到的困难和阻碍，远远比想象大得多。而"之实"所以不惧，就在于时时刻刻保始之徵。故"保始之徵，不惧之实"者，方可称"勇士一人，雄入于九军"。《孟子·公孙丑上》论"养勇"："自反而缩，虽千万人，吾往矣。""自反而缩"者，反身而验"始之徵"也。故保者，养也，于《庄子》当"养生主"之"养"，于《孟子》当"养勇"之"养"。

将求名而能自要者，而犹若是，而况官天地，府万物，直寓六骸，象耳目，一知之所知，而心未尝死者乎！

"将求名而能自要者，而犹若是"，盖仅属世间法，而未达出世间法。自要，自我要求。而犹若此，尚且能够如此，乃抑此扬彼。"而况官天地，府万物，直寓六骸，象耳目"，天人合一，万物皆备于我，犹《内经》之旨。"一知之所知"，接通根本智和后得智。"而心未尝死者乎！"盖已见及复象，参看《齐物论》："近死之心，莫使复阳也。"又《淮南子·览冥训》此句作："彼直求名耳，而能自要者，尚犹若此。又况夫宫天地，怀万物，而友造化，含至和，直偶于人形，观九钻一，知之所不知，而心未尝死者乎！""官天地，府万物"，作"宫天地，怀万物"。高诱注："以天地为宫室，怀犹囊也。""直寓六骸，象耳目"，作"直偶于人形"，高诱注："外直偶与人同形，而内有大道也。""而友造化，含至和"，《庄》无，高诱注："造化阴阳也，与之相朋友。""一知其所知"，作"观九钻一，知之所不知"。高诱注："九谓九天，一，龟也。观九天之变，钻龟占兆所不知事，亦云然也。""而心未尝死者乎"同，高诱注："心未尝死者，谓心生与道同者也，不与观九钻一等也。"

> 彼且择日而登假，人则从是也，彼且何肯以物为是乎。"

"彼且择日而登假"，"登假"谓上升，道教白日升天传说，相应于此。假，一作遐，远行也，《逍遥游》："其远而无所至极邪？""人则从是也"，别人跟随之（follow me），后世演变为鸡犬升天。"彼且何肯以物为是乎。"由物质上升于精神，见过高一层次景象者，不再留恋低一层次事物。

> 申徒嘉，兀者也，而与郑子产同师于伯昏无人。子产谓申徒嘉曰："我先出则子止，子先出则我止。"其明日，又与合堂同席而坐。子产谓申徒嘉曰："我先出则子

止，子先出则我止。今我将出，子可以止乎？其未邪？且
子见执政而不违，子齐执政乎？"

"申徒嘉，兀者也，而与郑子产同师于伯昏无人。"子
产，郑之贤大夫，是当时之执政。伯昏无人为师之嘉号，成玄
英疏："伯，长也，昏，闇也。德居物长，韬光若闇，洞忘物
我，故曰伯昏无人。"兀者与执政同师，乃有教无类之象。
"我先出则子止，子先出则我止。"可同坐而不可同行，为
子产之等级观念。若由同学而做官者，鲁迅有云"一阔脸就
变"（《集外集拾遗·赠邬其山》），钱钟书引周密《浩然
斋雅谈》记韩维基语："凡亲戚故旧之为时官者，皆当以时
官待之，不当以亲戚故旧待之"（《管锥编·全后汉文》卷
二八）。朋友做了官，应该把他当官看，而不应该把他当朋友
看。子产仕而优则学（参考韩愈《子产不毁乡校颂》），正见其
向上之心（古代皇帝有经筵，犹今天所谓集体学习）。"我先出
则子止，子先出则我止。"乃其达官习气不自觉流露，尚有天真
可爱之处。若领导人故作亲切状，则可厌矣。子产两次提出要
求，第一次申徒嘉觉得很怪，第二次觉得有问题了。

申徒嘉曰："先生之门，固有执政焉如此哉？子而
说子之执政而后人者也？闻之曰：鉴明则尘垢不止，止则

不明也。久与贤人处则无过。

"先生之门，固有执政焉如此哉？子而说子之执政而后人者也？"先生之门下，哪有这样的执政？你把官位捧在人前炫示，自以为了不起吗？天地君亲师，执政仅为君系列上的一环，况且尚未到顶，《徐无鬼》所谓"权势不尤则夸者悲"，如何能凌驾于师之上。"闻之曰"，引用前言往行。"鉴明则尘垢不止，止则不明也。久与贤人处则无过。"前句所谓"窗明几净"，"宁静致远"。或总有掸不尽的灰尘，则有二法，一为临济临终偈所谓"离相离名人不禀，吹毛用了急须磨"（《五灯会元》卷十一临济义玄章次），一为破镜而虚也。后句所谓"熏陶"，《墨子·所染》："染于苍则苍，染于黄则黄。所入者变，其色亦变。"古琴曲有所谓"墨子悲丝"（《五知斋琴谱》）。《说苑·杂言》："与善人居，如入兰芷之室，久而不闻其香，则与之化矣。与恶人居，如入鲍鱼之肆，久而不闻其臭，亦与之化矣。"李渔《闲情偶寄》谓态度不可教而可学，唯一方法是和有态之人同住，朝夕相处，或能为其所化，然亦不可必（《声容部·选姿·态度》）。

今子之所取大者，先生也。而犹出言若是，不亦过乎？"

"先生"犹师，乃理解天地君亲之关系。"所取大者"，向上一着，所以破其体也。"取大"犹取乾象，易象乾为大，坤为至。"而犹出言若是，不亦过乎？"你这样说话，不是很过分吗？

> 子产曰："子既若是矣，犹与尧争善，计子之德，不足以自反邪？"申徒嘉曰："自状其过以不当亡者众，不状其过以不当存者寡。

"子既若是矣，犹与尧争善，计子之德，不足以自反邪？"你已经落到这一步了，不去自己照镜子，还想轻蔑有权势之人，可谓与尧争善。我的德和你的德比，岂非天差地别，你回头想一想，难道没有过失吗？子产未知《老子》七十九章"执左契而不责于人"之理，批评申徒嘉，不知自己所缺的正是"自反"，而试图计德比较多少，绝非"德充"之意。"自状其过以不当亡者众，不状其过以不当存者寡。"林云铭《庄子因》："自呈其过，乃既犯者也，犹欲掩饰以为不当亡足者甚多。不呈其过，乃未犯者也，有能自责以为不当存足者甚少。"前者委过而掩迹，或者越描越黑。后者自律而诛心，好比所谓"狠斗私字一闪念"是也。陀思妥耶夫斯基流放西伯利亚时，遇到一被指控弑父罪的囚徒，然而他没有杀父亲，只是当时喝醉了酒。可是他想，自己酒醉时或许也可能杀人？杀人和可能杀人，对法律来说不一样，对良心来说却没有差别。所以他不辩，甘愿服刑以赎洗自己的灵魂，以后被查实释放。这就是"不状其过以不当存者寡"。

> 知其不可奈何而安之若命，唯有德者能之。

坦然接受，这是很深的修养。"命"者从节，乃生命之节律，有其波动，故曰"安之"。参考《人间世》："知其不可奈何而安之若命，德之至也。"

> 游于羿之彀中，中央者，中地也。然而不中者，命也。

"游于羿之彀中"，郭象注："弓矢所及为彀中。夫利害相攻，则天下皆羿也。"这是人的大八字，风险不可能完全消除，故皆有中的概率，犹释氏所谓共业。"中央者，中地也"，是概率发生最密集的区域。既然有概率，就有中有不中，故"不中者，命也"。此纯属偶然性，子产侥幸得免，又何足自多呢。

> 人以其全足笑吾不全足者多矣，我怫然而怒。而适先生之所，则废然而反。不知先生之洗我以善邪？吾与夫

子游十九年矣，而未尝知吾兀者也。今子与我游于形骸之内，而子索我于形骸之外，不亦过乎！"子产蹴然改容更貌曰："子无乃称。"

"人以其全足笑吾不全足者多矣，我怫然而怒。适先生之所，则废然而反。"先生之教，不在言谈形式间，乃消释其内在的抑郁。《易·系辞》："圣人以此洗心"，韩康伯注："洗濯万物之心。""洗濯万物之心"应包涵天人，于"人"应包涵己与他人，此间之相应，有不知其然而然者，故曰："不知夫子之洗我以善邪？""十九年"与《养生主》"十九年"相通，于象数当河图十洛书九，于历法当"十九年七闰"。在此气场内消除能、所，故"未尝知吾兀者也"。"形骸之内"谓德，"形骸之外"谓形，若不能遗形弃知，则何以见其德也。"蹴然改容更貌"，子产深深地被震动了。"子无乃称。"不用再说了，从善如流之象。

鲁有兀者叔山无趾，踵见仲尼，仲尼曰："子不谨前，既犯患若是矣。虽今来，何及矣！"无趾曰："吾唯不知务而轻用吾身，吾是以亡足。今吾来也，犹有尊足者存，吾是以务全之也。夫天无不覆，地无不载。吾以夫子为天地，安知夫子之犹若是也？"

"鲁有兀者叔山无趾，踵见仲尼。"用脚后跟走着去见孔子，可见叔山无趾向学之诚，犹如朝圣。"子不谨前，既犯患若是矣，虽今来何及矣！"人生实际上是不断犯错误的过程，但犯了错误，社会很难给你改正的机会，所谓"一失足成千古恨，再回头已百年身"。"子不谨前"，孔子以为不可逆。受了刑罚，总是有了污点，再也难以弥补。儒家以"谨前"为主，甚是，然而执著于此，则未知上出之理。"吾唯不知务而轻用吾身，吾是以亡足。今吾来也，犹有尊足者存，吾是以务全之也。"叔山无趾以为可逆。初入世而"不知务"者甚多，盖热血青年，对社会人生以及种种规则、潜规则，尚缺乏基本了解。"轻用吾身"于世，或成为权谋的牺牲品。"轻用吾身"于己，则更不足问。王船山父嘱船山"慎殉"（《姜斋文集》卷十《家世节录》），可深味之。故"用吾身"于何处，确可反躬自问，求权吗？求财吗？且世间多陷阱，而陷阱实根极于人心。朱熹《宿梅溪胡氏客馆观壁间题诗自警二绝》之二："世路无如人欲险，几人到此误平生。"（《晦庵先生朱文公文集》卷五）"吾是以亡足"。"亡足"虽不可弥补，更要紧在"尊足者"，唯存此可补"前行之恶"，《易·系辞上》："无咎者，善补过也。""夫天无不覆，地无不载。吾以夫子为天地，安知夫子之犹若是也？"天地君亲师，亲者，由先天入后天；师者，由后天入先天，犹再造生命。此永远来得及，后世禅家所谓"放下屠刀，立地成佛"，是矣。

> 孔子曰："丘则陋矣。夫子胡不入乎，请讲以所
> 闻。"无趾出，孔子曰："弟子勉之，夫无趾，兀者也，
> 犹务学以复补前行之恶，而况全德之人乎？"

"丘则陋矣。夫子胡不入乎，请讲以所闻。"此即孔子的
伟大谦虚，一旦发觉错误马上改正。且随时相应于当下事例，
正是实施教育之要义。然而无趾不入而出，因为实际已经讲完
了，故无须再讲，不言之言也。以后禅家亦有此风，下面听的
人比上面讲的人程度高，往往"扑哧"一笑，上面讲的人马上
避席让座。"弟子勉之，夫无趾，兀者也，犹务学以复补前行
之恶，而况全德之人乎？"孔子对无趾前称"子"，后称"夫
子"，前倨后恭，对其评价已大大改观。然而，孔子最后的解
说仍未中肯，还是习惯的一般性思维，未能见及无趾的特殊之
处。无趾补毕前行之恶，早已是全德之人，孔子执著形体，尚
欲复补之，岂非多此一举。

> 无趾语老聃曰："孔丘之于至人，其未邪？彼何宾
> 宾以学子为？彼且蕲以諔诡幻怪之名闻，不知至人之以是
> 为己桎梏邪！"

"无趾语老聃曰"，离开孔子，再游老子之门。于孔子是"踵见"，于老子则直接"语"，可见此人与老的关系比与孔亲密得多，于其门早已自由进出。"孔丘之于至人，其未邪？彼何宾宾以学子为？"孔子难道还没有成为至人吗？他为什么努力学你呢？孔学于老，盖儒之源在道，儒由道分出。宾宾，恭谨努力的样子，一说忙碌的样子。"彼且蕲以諔诡幻怪之名闻，不知至人之以是为己桎梏邪！"他老是喜欢搞一些稀奇古怪的名堂，比如"礼乐"啦，"仁义"啦，诸如此类，不知道这些名相都是束缚己，束缚人的。

老聃曰："胡不直使彼以死生为一条，以可、不可为一贯者，解其桎梏，其可乎？"无趾曰："天刑之，安可解！"

孔丘、老聃、无趾三者之关系可思。无趾于儒、道两家大圣人门前皆一游，而说出最后的关键，实为本节的最高智慧。孔丘能认识无趾，然尚属肤浅，仅知他"犹务学以复补前行之恶"。老聃与无趾已相知，故不讨论无趾而讨论孔丘，不讨论"足"而讨论"尊足者"，然仍为铺垫。直至无趾说出"天刑之，安可解"！方为本节的向上一着。"天"含二义，一客观，一主观。就客观而言，盖儒家终未可废，天下兴亡，匹夫固无责乎？就主观而言，此其天性，栖栖遑遑，亦成一象。老聃未明两行之理，盖解即戴、戴即解，而欲解孔丘桎梏，实自戴桎梏，故无趾以不解解之也。"彼以死生为一条"，盖道家认识生死之路线，试比较儒家之"未知生，焉知死"（《论语·先进》），或佛家之"未知死，焉知生"。"以可、不可为一贯"，《论语·微子》所谓"我则异于是，无可无不可"是也。又"无趾"乃庄生寓言，趾通止，以象而言，盖止即不止，犹观即不观也。

> 鲁哀公问于仲尼曰："卫有恶人焉，曰哀骀它。丈夫与之处者，思而不能去也。妇人见之，请于父母曰：'与为人妻，宁为夫子妾'者，十数而未止也。未尝有闻其唱者也，常和人而已矣。无君人之位以济乎人之死，无聚禄以望人之腹，又以恶骇天下。和而不唱，知不出乎四域，且而雌雄合乎前，是必有异乎人者也。

"卫有恶人焉，曰哀骀它。"恶人，丑陋之人。"丈夫与之处者，思而不能去也。"他在男性中有亲和力，往往成为效仿的榜样。思，想念，常常感觉到他有味道，在不知不觉中受启迪，亦即下文"有意乎其为人也"。"妇人见之，请于父母曰：'与为人妻，宁为人妾'者，十数而未止也。"大人物阴阳平衡有其特殊形式，这是一个生物学问题，当作具体考察。

社会道德对此有明确回答，固是，然而对生物感应之本身，仍当深入研究。"未尝有闻其唱者，常和人而已。"这是此人的处世方法，即《老子》六十七章"不敢为天下先"，所持"三宝"之一。《天下篇》亦云："未尝先人，而常随人。"参考《倚天屠龙记》第二章引《九阳真经》："由己则滞，从人则活。""无君人之位以济乎人之死，无聚禄以望人之腹，又以恶骇天下。"君人之位，权势，乃政治系统。聚禄，财富，乃经济系统。恶，美学，乃艺术系统。于三大系统皆不相应，哀骀它又在哪里立足呢。济，拯救，济困扶危。望，满足人之盼望，以象喻之，犹饥饿的眼睛。聚禄，《易·系辞下》："何以聚人曰财。""知不出乎四域"，所知并不广博。或谓知犹闻名，谓名不远出，知道的人很少。"且而雌雄合乎前"，阴阳自然相配，盖存在和谐之气场。林希逸《南华真经口义》："雌雄合其前，与物狎也，即鸥鸟不惊之意。""是必有异乎人者也。"他一定有特殊的地方。

寡人召而观之，果以恶骇天下。与寡人处，不至以月数，而寡人有意乎其为人也。不至乎期年，而寡人信之。国无宰，寡人传国焉，闷然而后应，泛若辞。寡人丑乎，卒授之国。无几何也，去寡人而行。寡人恤焉若有亡也，若无与乐是国也。是何人者也？"

"寡人召而观之，以恶骇天下。"丑陋得厉害，犹如《巴黎圣母院》敲钟人卡西莫多。"与寡人处，不至以月数，而寡人有意乎其为人也。"接触了不长时间，他的魅力就显出来了，我不知不觉地会琢磨琢磨他。"不至乎期年，而寡人信之。"不言而信，与此人打交道，不用考虑诚信问题。"国无宰，寡人传国焉。闷然而后应，泛若辞。""闷然而后应"，不太情愿地作出了反应。"泛若辞"，淡淡地辞谢，用不着"不惜费话费力费时费纸来证明他'落索声名免谤增'"（白克明《评论钱钟书一甲子》，见《钱钟书评论》卷一，社会科学文献出版社，1996年版）。"寡人丑乎，卒授之国。无几何也，去寡人而行。"自惭形秽，献出自己最珍贵礼物还担心不称对方之意。这是单恋者对待恋爱对象或追星族对待明星的心理，完全为对方的光辉所笼罩。然而卒授之国而仍不受对方重视，因为他根本不需要。"寡人恤焉若有亡也，若无与乐是国也。"前句所谓"若有所失"，恤焉乃忧伤的样子。后句甚有味，因快乐有其乘数效应，而能与人分享快乐，才是最大的快乐。《孟子·梁惠王下》亦可移用于此："独乐乐，于人乐乐，孰乐？"我们取得了一点成绩，往往希望和自己最亲密的人（亲人、恋人、友人）共享，往往在他们的快乐中，我们才得到了最大的满足。此镜镜相映，彼此涉入，若无他人的互照性反射，虽有所获得，亦索然无味。无与乐，乃人间最忧伤之事。因与父母、子女、爱人分享哪怕再小的成绩，实为世间之至福。没有体验到这种感情的人，人生是有缺憾的。然而当时你不会意识到，而真正有深切体会是在失去的时候（Ernest Dowson，Cynara，Gone with the wind）。一旦失去，即使你取得了再大的成功，又有什么用呢？

> 仲尼曰："丘也尝使于楚矣，适见豚子食于其死母者，少焉眴若，皆弃之而走。不见己焉尔，不得类焉尔。所爱其母者，非爱其形也，爱使其形者也。战而死者，其人之葬也，不以翣资。刖者之屦，无为爱之。皆无其本矣。为天子之诸御，不爪翦，不穿耳。取妻者，止于外，不得复使。形全犹足以为尔，而况全德之人乎？今哀骀它未言而信，无功而亲，使人授己国，唯恐其不受也。是必才全而德不形者也。"

"适见豚子食于其死母者，少焉眴若，皆弃之而走。"看见小猪在死去的母猪旁吸奶，一会儿眨眨眼睛，都跑开了。"不见己焉尔，不得类焉尔。"动物也有其母爱，所谓"照顾"，照是慈爱的目光，顾是边走边回头。"不见己焉尔"，没有看到母亲的眼睛在看自己。"不得类焉尔"，生死异途，幽明路隔。"所爱其母者，非爱其形者，爱使其形者也。"使其形者本，其形者末。生物生物，无其生则仅为物。合上节而论，其形犹足，使其形犹尊足者。"战而死者，其人之葬不以翣资。刖者之屦，无为爱之。"战死者马革裹尸，不用棺材，故不以翣资。刖者无脚，故不爱其屦。盖皮之不存，毛将焉附？翣资，棺材的装饰。"为天子之诸御，不爪翦，不穿耳。取妻者止于外，不得复使。"前者全形体，后者全精气。诸御指侍从。取，娶。"形全犹足以为尔，而况全德之人乎？"全德之人，内外交修，在全形体、全精气之上。上节孔子举全德之人以抑无趾，尚滞于形全。本节举全德之人以扬哀骀它，已于形全上出。同一词语，儒道有其不同理解，当细心究之。"今哀骀它未言而信，无功而亲，使人授己国，唯恐其不受也。是必才全而德不形者也。"一般而言，才能外显，道德内涵，所谓"德才兼备"。"才全"者，外显者皆已内涵。"德不形"者，内涵者未以外显也。

　　哀公曰："何谓才全？"仲尼曰："死生存亡，穷达贫富，贤与不肖毁誉，饥渴寒暑，是事之变，命之行也。日夜相代乎前，而知不能规乎其始者也，故不足以滑和，不可入于灵府。使之和豫，通而不失于兑，使日夜无郤而与物为春，是接而生时于心者也，是之谓才全。"

　　"死生存亡，穷达贫富，贤与不肖毁誉，饥渴寒暑，是事之变，命之行也。"此为两端间消息之象，非人力所能决定。"日夜相代乎前，而知不能规乎其始者也"，亦即《齐物论》"日夜相代乎前，而莫知其所萌"。此犹蛋鸡先后，循环无端，不可测量。规，探知，与"窥"同源。"故不足以滑和，不可入于灵府。"滑，乱。又滑稽，乱同异。灵府谓心，亦即灵台，参考《庚桑楚》："不足以滑成，不可内于灵台。"成、和关联，亦即下文"成和之修"也。"使之和豫"，豫，安乐。《应帝王》："何问之而不豫也。"又通音乐之乐，《易·豫·大象》："先王以作乐崇德，殷荐之上帝以配祖考。""通而不失于兑"，兑通"悦"，通"脱"。魏晋风度所谓"清峻通脱"，脱指脱略，疏略。以棋风为喻，吴清源行棋速度极快，时时准备转换，没有丝毫破绽（或似有实无）地灵活转身，亦此类。又玄空学所谓"脱卸"，亦可参看。"使日月无郤而与物为春，是接而生时于心者也。"郤，缝隙。日夜本来无郤（有郤者在人），能认识此，则其灵府和豫，天人合一也。"与物为春"，就是《应帝王》所谓"使物自喜"。"与物为春"者，犹不请之友，如坐春风，钱钟书《论交友》引山谷《茶词》："口不能言，心下快活自省。""是接而生时于心者也"，谓以生物钟替代物理钟，乃精神能力之一。"接"为衔接（yoga），盖化客观为主观。

　　"何谓德不形？"曰："平者，水停之盛也。其可以为法也，内保之而外不荡也。德者，成和之修也。德不形者，物不能离也。"

　　"平者，水停之盛也。其可以为法也，内保之而外不荡也。"此为道家的动态修法，以儒家而言，犹内外兼修，敬义夹持。"德者，成和之修也。"成和之修，修成和，乃化境也。"德不形者，物不能离也。"才全可能有其体，而德不形，犹破体也，亦即无形而心成。物不能离，自然而然地显出吸引力。

　　哀公异日以告闵子曰："始也吾以南面而君天下，执民之纪而忧其死，吾自以为至通矣。今吾闻至人之言，恐吾无其实，轻用吾身而亡其国。

　　"始也吾以南面而君天下，执民之纪而忧其死，吾自以为至通矣。"古代有民本思想而无民主，盖当权者执民之纪，而非民执当权者之纪也。参考《五灯会元》卷三南泉普愿章次："陆辞归宣城治所。师问：'大夫去彼，将何治民？'曰：'以智慧治民。'师曰：'恁么则彼处生灵尽遭涂炭去也。'""今吾闻至人之言，恐吾无其实"，听上手说话，往往直接就能感觉到自己缺陷所在。此为大加持，亦为大福报，所谓"与君一席话，胜读十年书"，藏传佛教有所谓"听闻得度"是也。"轻用吾身以亡其国"，可参考《人间世》"轻用其国"和本篇前文"轻用吾身"。两篇主题不同，故成其异。以君王而言，其身关联于国，故轻用其身以亡其国，而善保其身亦所以保其国也。

> 吾于孔丘非君臣也，德友而已矣。"

《战国策·燕策一》引郭隗曰（又《鹖冠子·博选》略同）："帝者与师处，王者与友处，霸者与臣处，亡国与役处。"哀公欲与孔子为友，乃试图由霸而进于王。德友者，于德为友也。然而师者何在，或哀骀它乎？

> 闉跂支离无脤说卫灵公，灵公说之，而视全人，其脰肩肩。甕㼜大瘿说齐桓公，桓公说之，而视全人，其脰肩肩。

无脤、大瘿之说，游说。灵公、桓公之说，喜悦。说通于悦，盖义理入心，乃最高之精神享受。人性一旦相合，有其长于内，则不觉其缺陷于外。全人，正常人，此仅指形体之全，不同于《庚桑楚》之"全人"。如与上文两处"全德之人"对照，此处之"全人"大致相当于无趾节"全德之人"，《庚桑楚》之"全人"大致相当于哀骀它节"全德之人"。然而《庚桑楚》之"全人"和哀骀它节"全德之人"还有所不同，哀骀它节"全德之人"尚由修而成，而《庚桑楚》之"全人"修与不修已成两边语。

> 故德有所长而形有所忘，人不忘其所忘，而忘其所不忘，此谓诚忘。

"德有所长而形有所忘"，谓内在充足可以使人不注意其外在。和无脤、大瘿打交道久了，再和形体正常的人相处，反而觉得不大对了。"人不忘其所忘，而忘其所不忘"，谓人只注重外在的标志，如学历、文凭、官位等，把内在掏空了。俗话所谓"只重衣衫不重人"，衣衫者，符号也。然而外在标志不能一辈子当饭吃，人终究还是受内在气质的吸引。"此谓诚忘"，犹颠倒也。

> 故圣人有所游，而知为孽，约为胶，德为接，工为商。

游，游行，游心。"知为孽"，重重知识障未能洗清，所谓众生烦恼障，菩萨知识障。"约为胶"，用誓约或种种社会关系加以束缚。"德为接"，以外在礼仪交往为德，而非内在发生不容已，《乐纬动声仪》"从胸臆之中而彻太极"。"工为商"，有了技艺往外走，为了卖而做东西。不是好东西才能卖，而是能卖的才是好东西，故市场有其信息不对称，产生"劣币驱逐良币"现象。或谓可以用金钱计量的，总是便宜的，故应区别worthless（无价值的）与priceless（无价格的）。

> 圣人不谋，恶用知！不斲，恶用胶！无丧，恶用
> 德！不货，恶用商！

取消目的，故不用知谋。从不破坏信用，故不用誓约。没有失去纯真，故不用讲究道德。根本不出卖，故不存在欺骗。此皆从源头上着手，《史记·万石张叔列传》："或谓直不疑盗嫂，不疑闻，曰：'我乃无兄。'"

> 四者天鬻也，天鬻者，天食也。既受食于天，又恶
> 用人？

四者来自天然，故不用人为，天总会给你一碗饭吃。

> 有人之形，无人之情。有人之形，故群于人。无人

之情，故是非不得于身。眇乎小哉，所以属于人也。謷乎
大哉，独成其天。

得道人的境界。群于人者，入世也。是非不得于身者，
出世也。庄子善谈天，荡相遣执以归于天。人天之辨，《逍遥
游》曰："此小大之辨也。"

惠子谓庄子曰："人故无情乎？"庄子曰：
"然。"惠子曰："人而无情，何以谓之人？"庄子曰：
"道与之貌，天与之形，恶得不谓之人？"惠子曰："既
谓之人，恶得无情？"

《世说新语·伤逝》王戎曰："圣人忘情，最下不及情。
情之所钟，正在我辈。"庄子所主，在"太上忘情"，惠子所
辩，在"最下不及情"。

庄子曰："是非吾所谓情也。吾所谓无情者，言人
之不以好恶内伤其身，常因自然而不益生也。"惠子曰：
"不益生何以有其身？"

参考《老子》五十五章："益生曰祥，心使气曰强。物壮

则老，谓之不道，不道早已"；五十章："以其生生之厚。"
"言人之不以好恶内伤其身，常因自然而不益生也。"此乃化
其情，相应于道于天。

> 庄子曰："道与之貌，天与之形，无以好恶内伤其
> 身。今子外乎子之神，劳乎子之精，倚树而吟，据槁梧而
> 瞑。天选子之形，子以坚白鸣。"

坚白鸣者，刑名家之一路。外神劳精，倚树而吟，据槁
梧而瞑，盖未知养生。槁梧，或谓几，犹《齐物论》"隐几而
坐"；或谓琴，犹《齐物论》"惠子之据梧也"。"天选子之
形，子以坚白鸣"，未能德充而相应也。

《大宗师》析义

解题："大宗师"有二义：一，当动词，犹言道法自然。郭象注："虽天地之大，万物之富，其所宗而师者，无心也。"二，当动词而名词，即"古之真人"。全篇讨论天人关系，落实于"真人"之结合。

知天之所为，知人之所为者，至矣。

开宗明义，首先一分为二，人类的知是不是可以穷尽呢？可以的，即一类知天之所为，一类知人之所为。以今天的分类作比拟，一类是自然科学，一类是社会科学。人类的知穷尽于天人关系，邵康节《观物外篇》卷十二谓"学不际天人，不足以谓之学"。所谓大宗师，就是对天人关系有极深领悟之人。到达此一境地，就是"至"。

在道家谱系中，有两种理想人格，一种是"真人"，一种是"至人"。"真人"由上往下做，犹传统所谓的道家。盖找出天人关系之结合部，轻轻一动，即获剃刀边缘（the sharp edge of a razor）之解脱。"至人"由下往上做，犹传统所谓的儒家。盖为臣忠，为子孝，黎明即起，洒扫庭除，下学而上达，终化去个体执碍而达自由之境。此有难得易成与易得难成之辨，然而顿犹渐，渐犹顿，两者亦二亦一也。曰"真人"、"至人"者，真对假而言，至对未至而言，而所谓假者，即未至焉。《天下篇》谓："不离于真，谓之至人。"此即中国文化之人本主义，以发展完美人生为目标。

知天之所为者，天而生也。知人之所为者，以其知之所知，以养其知之所不知，终其天年而不中道夭者，是知之盛也。

"知天之所为者，天而生也。""天而生也"，盖本来如此，其知未脱离，一切都自然而然。从藏天下于天下而言，人做任何事情都和宇宙息息相通，不可能不自然。而且如果消除奇点，物理学就是生物学，生物学就是物理学。"天而生也"，《经典释文》引向、崔本作"失而生也"。前者犹显教，后者犹密教，包含达成前者的方法。盖抽去观察的主体（人类或个人），所谓丧我者，乃由人入天也。"知人之所为者，以其知之所知，以养其知之所不知，终其天年而不中道夭者，可谓知之盛也。""知人之所为者"较复杂，且已区分知与不知为二。人的"知之所知"极有限，与"知之所不知"不成比例，追求不可少，然难免以有涯而逐无涯之殆。故以"养"调和"知"与"不知"，知己之所知终有限，而逐步自知其无知也。由此养知通于养生，《养生主》所谓"可以保身，可以全生，可以养亲，可以尽年"，故曰："终其天年而不中道夭者，可谓知之盛也。""天年"有大致客观标准，今所谓平均寿命。道家或以六十年为一元，天元六十、地元六十、人元六十，三元共一百八十岁（李鹏飞《三元延寿参赞书》）。所谓"人生七十古来稀"（杜甫《曲江》），仅略超下元而已。于主观标准而言，盖尽其遗传所赋。"中道夭"者，执著"知之所知"而不知"其知之所不知"也。"知之盛"者，由养而近于"至"也。"终其天年"一语，又见《人间世》和《山木》，庄书于此盖三致意焉。笔者年轻时读此言，总觉得不够味，更受吸引的是儒家"生生"，佛家"无生"，道家"长生"，以为如此才算透彻。直到阅历渐多后，才真正有所体会，叹服确为至理名言。因为过好这一生并不容易，常常会遇到难以克服的挫折，而且无穷世之业就此消释，亦即所谓"即生成就"。

> 虽然，有患。夫知有所待而后当，其所待者特未定也。庸讵知吾所谓天之非人乎？所谓人之非天乎？且有真人而后有真知。

"虽然，有患。"虽然知天、知人，却还是没有解决。盖有知即有失，因天、人一分为二，已破了混沌。真正的知不在于知的多少，而在于明白知的所待，知与不知的关系，乃至探究知止之度，以及知究竟是什么。《论语·为政》所谓"知之为知之，不知为不知，是知也"，不仅是一句普通的格言，有其极深密的意义。"夫知有所待而后当，其所待者特未定也。"因为知必须依赖所待才能确定，而所待本身不可能确定，故于知亦不可执著。或谓所待即大前提，伍非百《墨辩解故》："此言知识之正确与否，当以标准定之。而标准之正确与否，殊难定也。"又曰："'吾有待而然耶？其所待又有所待而然耶？'盖言标准又待标准，乃犯'无穷过'者也。"
（《中国古名家言》，中国社会科学出版社，1983年版，第22页）此即逻辑之"患"，未能由人入天者，其患盖不可免。"庸讵知吾所谓天之非人乎？所谓人之非天乎？"故应达天人之际，且宜化之。达此境者，所谓天者，盖全部在人；而所谓人者，亦全部在天。庸讵，岂，何以。"且有真人而后有真知"，乃重建知识论的基础。一切知识体现于生命本身，引出全篇主旨"真人"之说。"真人"者，即"大宗师"也。

何谓真人？古之真人，不逆寡，不雄成，不谟士。

"不逆寡"，即使有一丁点反对意见，哪怕多么微弱，也要给予表达的机会，《普贤行愿品》所谓"恒顺众生"。以养生而言，如果身体上还有最后一个细胞没有服贴，就不算成就。"不雄成"，不仗势压人。以政治理念而言，"不逆寡，不雄成"，此即所谓"伟大的妥协"："即使多数人达成协议的统治，也不能抹杀少数人的声音。"在"民主"和"自由"的矛盾之间，尤其强调"自由"，以避免"多数人的暴政"。"不谟士"，犹《老子》三十八章非"前识"，《论语·子罕》子绝四（"意、必、固、我"），参照《应帝王》"勿为谋府"。此盖得其所主，故有云从龙风从虎之象，郭象注：

"纵心直前，而群士自合，非谋谟以致之者也。"

　　若然者，过而弗悔，当而不自得也。

　　此为极高的精神修养，且两者相成，过而悔者，当而必自得也。林希逸《南华真经口义》："凡事或失或成，皆委之自然，不以失为悔，不以成为喜也。"前者犹承担过去的历史局限性，后者犹深知现在的历史局限性。

　　若然者，登高不栗，入水不濡，入火不热。是知之能登假于道者也若此。

　　此就精神修养而言，后世道教以为真，由性而反之于命，乃有大段难做的工夫。"登假"谓上出，"知之能登假于道"谓以道化知，犹佛家之"转识成智"。道家主形神俱妙，后世充其极有"白日飞升"之说。

　　古之真人，其寝不梦，其觉无忧，其食不甘，其息深深。

　　"其寝不梦，其觉无忧"，即"至人无梦"之说。且两者互根，如何"其寝不梦"？当从"其觉无忧"而来；如何"其觉无忧"？当从"其寝不梦"而来。"其食不甘"，有极强的营养吸收能力。"其息深深"，因不仅食谷，而且已能食气。战国时代，已有《行气玉佩铭》之类文献。

> 真人之息以踵，众人之息以喉。屈服者，其嗌言若哇，其耆欲深者，其天机浅。

"真人之息以踵"，盖全身气脉已通，其息可达极深处。"踵"指脚跟，然亦当以象观之，否则有希腊神话"阿基里斯之踵"（the heel of Achilles）。陆西星《南华真经副墨》："踵即根也。根者，人之大中，极气所归复之处。""众人之息以喉"，谓其息浅薄，所谓沉不住气。"屈服者"谓气脉缠绕，思想紊乱。"其嗌言若哇"，嗌指咽喉。说话像呕吐一样，没有美感，全是浮词。《论语·泰伯》曾子曰："出辞气，斯远鄙倍矣。"以此相证益明。"其耆欲深者，其天机浅"，盖成跷跷板之势，彼深则此浅，彼浅则此深。深于天机者，必淡于耆欲，后世道家有"精足不思淫，气足不思食，神足不思眠"之说。

> 古之真人，不知说生，不知恶死。其出不䜣，其入不距。翛然而往，翛然而来而已矣。

"不知说生，不知恶死。"不为生死两端所限。"其出不䜣，其入不距。"《易·复》所谓"出入无疾"。"翛然而往，翛然而来"，悠然自得的样子，参考《养生主》："适来，夫子时也；适去，夫子顺也。安时而处顺，哀乐不能入也。"

　　不忘其所始，不求其所终。受而喜之，忘而复之。

"不忘其所始，不求其所终。"即《论语·先进》所谓"未知生，焉知死"。前句犹禅家之"不昧因果"，后句犹大易之"易终未济"。"受而喜之"，以欣喜心情接受所获得的一切，也就是感恩。美国、加拿大有所谓"感恩节"（the Thanksgiving Day），为十一月第四个星期四。"忘而复之"，"坐忘"以恢复本原，成为内心欣喜的来源。后世能做到"乐天委分"者，皆于此有所得。"不忘其所始"过去，"不求其所终"未来，"受而喜之"现在，"忘而复之"消除时间，由后天返先天，乃得当下之理。

　　是之谓不以心捐道，不以人助天。是之谓真人。

"捐"解说纷纭，当读如字，献也，弃也，失也。不以心捐道，当以道捐心，则道心融合，化心于道也。不以人助天，尊重并顺应自然，以此发挥人的能动性。科学的若干发展虽然有益，仍当注意其可能产生的副作用。

> 若然者，其心志，其容寂，其颡頯。凄然似秋，暖然似春，喜怒通四时，与物有宜而莫知其极。

"其心志"，思维力完全集中，心与气已浑然而一，当下就有感应。一般人往往心是漂浮的，志是散碎的，心到而气不到，有脱节之患，故纷乱一生，无所成就。比较而言，《人间世》"若一志"可当始事，犹所谓"收放心"；《大宗师》"其心志"可当终事，盖已能"致良知"云。"其容寂"，谓神寒气静，相貌森然。"其颡頯"，乃大朴之貌，犹《老子》四十一章河上公注："大法象之人，质朴无形容。""凄然似秋，暖然似春，喜怒通四时"，犹《易·文言》"与四时合其序"，参观《黄帝内经·四气调神大论》。"与物有宜而莫知其极"，相应于环境变化而变化，未有穷极。

> 故圣人之用兵也，亡国而不失人心。利泽施乎万世，不为爱人。故乐通物，非圣人也；有亲，非仁也；天时，非贤也；利害不通，非君子也；行名失己，非士也；

亡身不真，非役人也。若狐不偕、务光、伯夷、叔齐、箕子胥余、纪他、申徒狄，是役人之役，适人之适，而不自适其适者也。

"故圣人之用兵也，亡国而不失人心。"此句甚难解，闻一多《庄子内篇校释》谓："'圣人之用兵也，亡国而不失人心'，宁得为庄子语，可疑者一也。"于此曾思考良久，盖不得已之下策，乃战国时景象。人类社会应该努力避免此类情况，然而万一出现，亦不得不被迫走上抵抗之路。拿破仑说，有两样东西最强大，一样是剑，一样是精神。从长久来看，是精神战胜剑（转引自《读书》2000年第10期）。在中国抗日战争时期，《义勇军进行曲》所谓"中华民族到了最危急的时刻"，故不得不以牺牲到底的方式来救亡图存。此决非穷兵黩武，要在"不失人心"，可参考《易·师》："刚中而应，行险而顺，以此毒天下而民从之，吉又何咎焉。"又《释文》引崔云："亡敌国而得其人心。"如此另成一解，犹《孟子·梁惠王下》所谓"箪食壶浆，以迎王师"。"利泽施乎万世，不为爱人。"可参考《易·乾文言》："乾始以美利利天下，不言所利，大矣哉。""乐通物"和"与物有宜而莫知其极"不同，前者以改造自然为主，所谓"与天奋斗，其乐无穷，与地奋斗，其乐无穷"；后者以顺应自然为主，达尔文谓在物竞天择中生存下来的不是最强壮的，而是最能适应环境的。于人类发展两者皆不能缺，然而仅知前者而乐之，"非圣人也"。于"真人"言说中插入"圣人"，盖由自然转入社会，战争为政治之延续。"有亲，非仁也。"于易象当化同人于门、于宗为同人于野，不结成利益共同体，乃至散去小圈子。"天时，非贤也。""天时"者，能致力于"知天命"而未能上达于"耳顺"，仅知客观而未知主观。《孟子·尽心上》："豪杰之士，虽无文王犹兴"，此重视人的能动作用，亦不主"天时"。一本作"失时"亦可，然"天时"语意浑涵，"失时"或稍嫌直露。"利害不通"，未明祸福倚伏之理。"行名失己"，今所谓异化（alienation）。"亡身不真"，盖自失其性，故受役多矣，安能役人乎。

古之真人，其状义而不朋，若不足而不承。

前句见其严肃，"义"为原则，森然貌。"不朋"盖直面历史和现实，并对自己的行为负责，所谓"君子不党"。后句见其谦恭，所谓"恂恂如儒生"。"不足"犹《论语·八佾》"子入太庙，每事问"。"不承"盖全身松弛之象，绝无乡愿的客气。若深入而言，可相应禅家所谓"桶底脱落"。盖"注焉而不满"也，故"酌焉而不竭"矣。

与乎其觚而不坚也，张乎其虚而不华也。邴邴乎其
似喜也，崔崔乎其不得已也。

在人群中特立独行，有棱角而不触犯人。气象张大，虚包
万有而不浮华，或虚空而不空虚。以围棋棋理为喻，如近代吴
清源之行棋，速度极快而皆有理义。又如日本武宫正树棋风"宇
宙流"，同时也是"自然流"，所谓"高者在腹"也。有内在
喜悦渗透出来，郭象注："至人无喜，畅然和适，故似喜也。"
王敔注："喜其所喜，不为物喜，故曰似。"（《庄子解》）此
精神修养的自然流露，儒家所谓"君子无入而不自得"（《中
庸》），禅家所谓"日日是好日"（《五灯会元》卷十五云门文
偃章次）。感受节律而行动，似乎不得不然。崔同催，波动貌。

滀乎进我色也，与乎止我德也，厉乎其似世乎。

"滀乎进我色也，与乎止我德也"。滀乎，神凝气充之
象。对周围环境有所感应和调节，故曰"进我色"。林希逸
《南华真经口义》："滀，聚也，充悦之貌。其生色也，睟然
见于面。"与乎，交往安闲貌。止我德，彼此达成于德，止犹
止于至善。"厉乎其似世乎"。厉者，危也，严也。似世，谓
交接。《诗·邶风·匏有苦叶》："深则厉，浅则揭。"厉或

为涉水，则世为涉世，宜精心不苟云。此三言描述道家风范，可比较儒家所谓君子三变："望之俨然，即之也温，听其言也厉"（《论语·子张》）。

> 謷乎其未可制也，连乎其似好闭也，悗乎忘其言也。

"謷乎其未可制也"，謷即傲，高迈于俗，骄傲不可屈，所谓天子不得臣，诸侯不得友，有向上之心，故未可制也。"连乎其似好闭也"，连，沟连贯穿，把片片断断的知识接起来，形成循环的回路。郭象注："绵邈深远，莫见其门。"连，绵长。闭，封闭。"悗乎忘其言也"，无事于心，无心于事。悗乎，无心貌。

> 以刑为体，以礼为翼，以知为时，以德为循。

"以刑为体"，以克为生。"以礼为翼"，以生为克。"以知为时"，由外而内。"以德为循"，由内而外。

> 以刑为体者，绰乎其杀也。以礼为翼者，所以行于世也。

绰谓宽简，损之又损也。刑者，向外透发的锐利之气，犹如真正的艺术品，慑人心魄。此气宜修化之，所谓百炼钢化为绕指柔也。世为风波之地，以礼为翼者，所以行之。翼者，小心翼翼，翼如也。就其上者而言，《易》曰"履错然，敬之无咎"，《中庸》引《诗》云"如临深渊，如履薄冰"（《小雅·小旻》），盖君子修德之象。就其下者而言，世俗亦有"礼多人不怪"之谈。

> 以知为时者，不得已于事也。以德为循者，言其与有足者至于丘也，而人真以为勤行者也。

"以知为时者，不得已于事也。"知即时，时即知，盖格物而接，行乎其所当行，止乎其所不得不止，一宅而寓于不得已。"以德为循者，言其与有足至于丘也，而人真以为勤行者也。"此即循德而行，慢就是快，日积月累，后来者竟不可及。释氏或谓发菩提心者，即使在睡梦中亦能长功，亦此意也。古希腊赫拉克利特亦谓："获得好名誉的捷径是做好人"（D135，见《古希腊罗马哲学》，北京大学哲学系外国哲学史教研室编译，商务印书馆，1982年版，第31页）。又"言其与有足至于丘也"犹乌龟，"勤行"犹兔子。龟兔赛跑，乌龟之恒久不已，竟胜于兔子之朝得暮失。《礼记·礼运》："麟凤龟龙，谓之四灵。"麟、凤、龙皆有神话色彩，唯龟为现实生物，久于其道为其德之一。《寓言》记惠子曰："孔子勤志服知也。"庄子曰："孔子谢之矣。"

> 故其好之也一，其弗好之也一。其一也一，其不一也一。其一与天为徒，其不一与人为徒。天与人不相胜也，是之谓真人。

万物毕同毕异，"故其好之也一"求其同，"其弗好之也一"存其异。以同观之，"其一也一"；以异观之，"其不一也一"。异而同之，此之谓天，故"其一与天为徒"；同而异之，此之谓人，故"其不一与人为徒"。异同、同异互通，呈两行之象，执而不执，故曰"天与人不相胜也，是之谓真人"。以现代政治为喻，于历史遗留的疑难问题，于特定阶段内必执其一或有伤，在保持现状的张力下亦可解脱，邓小平所谓"我们的后代比我们聪明"是也。以人体健康为喻，有病完全治愈当"其一也一"，带病延年当"其不一也一"。当以患者利益最大化为标准，必执其一亦有伤。又《笑傲江湖》十《传剑》中，"独孤九剑"之形象，似受此节启发。主人公令狐冲试图将许多毫不连贯的剑招串在一起，融会贯通，一气呵成。武学宗师风清扬道："一切须当顺其自然，行乎其不得不行，止乎其不得不止。倘若串不成一起，也就罢了，总之不可有半点勉强。"令狐冲所行乃"其一也一"，风清扬所言乃"其不一也一"。

> 死生，命也。其有夜旦之常，天也。人之有所不得与，皆物之情也。彼特以天为父，而身犹爱之，而况其卓乎！人特以有君为愈乎己，而身犹死之，而况其真乎！

庄子所谓的命，即生物相应之节律，与自然不能分隔，与世俗"算命"局限于人身不同。或谓"命"从人、一、口、节；盖人为生物，口为交换信息之通道，犹七窍，节为节律，一为整体。《论语·尧曰》子曰："不知命，无以为君子也。"对整体认识到什么程度，"知命"即到什么程度，此全在自己掌握，绝不由人计算，亦即终身修持的目标。天犹自然，兼有必然性与偶然性，如何把握其间的关系，亦即由"知命"而"知天"。人之生命有内在的死生之变，好比大自然有黑夜和白天，此即所谓"常"。而"死生"、"夜旦"之词语组合，盖由死而生，由夜而旦，皆有以得逆数之力。"人之有所不得与，皆物之情也。"万事万物有其复杂的因果网络，绝非个人乃至人类之单一力量所能完全控制，这是事物的真实情况，你不得不接受和承认。与，参与，干预。情，实也。"彼特以天为父，而身犹爱之，而况其卓乎！人特以有君为愈乎己，而身犹死之，而况其真乎！"天统地犹自然即天，君统亲犹政治即人。两者向下关联于身，以爱与死为两端。而向上则尚有其卓者、其真者，故更当尊崇之。褚伯秀《南华真经义海纂微》卷十五引林疑独曰："卓者天地之祖，真者万物之母。"

> 泉涸，鱼相与处于陆，相呴以湿，相濡以沫，不如相忘于江湖。

处世乃至处友，君子之交，以水为喻。《山木》："君子之交淡若水"，《礼记·表记》："君子之接如水。""相呴以湿，相濡以沫"，于特定的危难时期或不得不然，因为人需要实在的帮助，此极美，也极有力，然终以"相忘于江湖"为上也。又此句亦见于《天运》。

> 与其誉尧而非桀也，不如两忘而化其道。

此为内七篇之庄子思想，温厚而自然。外篇或出于庄子学生，则有"圣人不死，大盗不止"（《胠箧》）激烈之说，故庄书非成于一人之手也。

　　夫大块载我以形，劳我以生，佚我以老，息我以死。故善吾生者，所以善吾死也。

　　释氏有所谓"生老病死"，而道家终不以苦言，盖以乐观之，所谓自然解脱也。陈寿昌《南华真经正义》："人生不过百年，自始至终，造化安排，若有成局。"何可执乎？大块即生我养我之大自然，李白《春夜宴桃李园序》："阳春召我以烟景，大块假我以文章。"劳我以生，即《远游》所谓"哀人生之长勤"。佚我以老，佚，安养之象。息我以死，息含安息、生息二义。以善生善死作结，乃回应《论语·先进》之"未知生，焉知死"。

　　夫藏舟于壑，藏山于泽，谓之固矣。然而夜半有力者负之而走，昧者不知也。藏小大有宜，犹有所遯。若夫藏天下于天下而不得所遯，是恒物之大情也。特犯人之形而犹喜之，若人之形者，万化而未始有极也，其为乐可胜计邪？故圣人将游于物之所不得遯而皆存。善夭善老，善始善终，人犹效之，又况万物之所系，而一化之所待乎！

　　"藏舟于壑"，犹苏轼《前赤壁赋》"纵一苇之所如，凌万顷之茫然"，而今安在哉？"藏山于泽"，犹沧海桑田之象，约二十亿年前，喜马拉雅山在湖泊之下，于第四纪更新世渐渐崛起，乃成世界最高之山脉。"谓之固矣"，似乎稳妥了，牢靠了，可以不变了。"然而夜半有力者负之而走，昧者不知也。""夜半有力者负之而走"指时间，王敔注："夜半子时，昼夜阴阳之一换也。今日之山，非昨日之山，大气推移，地游天运，人特不知耳。"（《庄子解》）此理孔子知之，故《论语·子罕》曰："逝者如斯夫，不舍昼夜"；庄子知之，故《齐物论》曰："今之隐几者，非昔之隐几者也"。古希腊赫拉克里特知之，故曰："入脚于水，再出脚于水，而前水已非后水"（D91，参见《古希腊罗马哲学》，同上，第27页）。"藏小大有宜，犹有所遯。"藏小谓"藏舟于壑"，藏大谓"藏山于泽"，有宜谓得其所哉，遯谓阴消。"若夫藏天下于天下而不得所遯，是恒物之大情也"。此即《易·说卦》所谓"万物皆相见"，参考《老子》二十七章："善闭者无关楗而不可开"，盖以不藏为藏也。以六十四卦观之，此阳息而彼阴消，此阴消而彼阳息，故不得所遯。"特犯人之形而犹喜之"，在大自然陶冶之中，碰巧成为人而沾沾自喜。人之形亦犹舟、山，喜之则以为可藏而"谓之固矣"，比较恒物之大情，此为小情也。特，偶然；犯，或作范。"若人之形者，万化而未始有极也，其为乐可胜计邪？"且生物万化，非仅人也。舟壑一如，山泽通气，夜半有力者负之而走，知之尤乐。

"故圣人将游于物之所不得遁而皆存。""物之所不得遁"，亦即藏天下于天下；皆存者，犹《天下篇》"不毁万物"也。郭象注："夫圣人游于变化之途，放于日新之流。万物万化，亦与之万化；化者无极，亦与之无极，谁得遁之哉！""善夭善老，善始善终，人犹效之"，此于生物而言，犹全生之象。"又况万物之所系，而一化之所待乎！"此于道而言，归生物于自然。

夫道，有情有信，无为无形，可传而不可受，可得而不可见。自本自根，未有天地，自古以固存。神鬼神帝，生天生地。在太极之先而不为高，在六极之下而不为深，先天地生而不为久，长于上古而不为老。狶韦氏得之，以挈天地。伏戏氏得之，以袭气母。维斗得之，终古不忒。日月得之，终古不息。堪坏得之，以袭昆仑。冯夷得之，以游大川。肩吾得之，以处大山。黄帝得之，以登云天。颛顼得之，以处玄宫。禺强得之，立乎北极。西王母得之，坐乎少广，莫知其始，莫知其终。彭祖得之，上及有虞，下及五伯。傅说得之，以相武丁，奄有天下，乘东维，骑箕尾，而比于列星。

此段为庄书论道最完整的文字，几乎非寓言、卮言、重言矣。因正面而言，且有"宏大叙事"之嫌，故或以为义浅可疑。然而此亦不可少，且包含神话与历史，自然与政治。"有情有信，无为无形"，情即上文"恒物之大情"之情，信即《齐物论》"可行己信"之信。有情有信，故虽无为、无形，犹传达存在之信息。"可传而不可受，可得而不可见。"前者以不教教之，后者以不得得之，盖得了还同未得，以无所得故。"自本自根，未有天地，自古以固存。""自本自根"，比较《旧约·出埃及记》（3—14）所谓"自有永有"（I am that I am）。"未有天地，自古以固存"，参考《老子》二十五章："有物混成，先天地生"；四章："吾不知谁之子，象帝之先。""神鬼神帝，生天生地。"鬼、帝依之而神，天、地依之而生。"在太极之先不为高，在六极之下不为深"，"在太极之先"谓阴阳未判，道家或立"无极"之说，《道教宗源》所谓"无先"是也。"在六极之下"谓六合，亦可当《易》之六爻。"先天地生而不为久，长于上古而不为老。"化除时间，得"当下"之理，李通玄《新华严经论》卷一所谓"无边刹境自他不隔于毫端，十世古今始终不移于当念"。"狶韦氏"以下种种"得之"，乃有以验斯道之变化。"狶韦氏"上古帝王名，或可当八卦之前，成玄英疏："文字已前远古帝王号也。""以挈天地"，可当天极。伏戏氏即伏羲氏，伏羲造八卦，后世尊为人文初祖。"以袭气母"，参观《老子》二十章"而贵食母",生复姤之消息。"维斗得之"相应天极,故"终古不忒"。"日月得之"相应消息,故"终古不息"。堪坏、冯夷、肩吾得之,皆修道之象,乃相应于山川。昆仑者,犹山川之原也。"黄帝得之,以登云天。"即后世道教白日升天之说。颛顼、禺强、西王母、彭祖、傅说,或神或人,构成后世道教之"真灵位业图",与前文狐不偕、务光等人形成对照。玄宫相应北极,颛顼对比禺强。西王母当成道之象,无始无终;彭祖时,傅说空。"上及有虞,下及五伯",即《逍遥游》"彭祖乃今以久特闻"。有虞而至五伯,包括三代至春秋的历史。"乘东维,骑箕尾,而比于列星",所谓"聪明正直,死而为神"。

南伯子葵问乎女偊曰:"子之年长矣,而色若孺子,何也?"曰:"吾闻道矣。"南伯子葵曰:"道可得学邪?"曰:"恶,恶可!子非其人也。夫卜梁倚有圣人之才而无圣人之道,我有圣人之道而无圣人之才。吾欲以教之,庶几其果为圣人乎!不然,以圣人之道告圣人之才亦易矣。吾犹守而告之,参日而后能外天下。已外天下矣,吾又守之,七日而后能外物。已外物矣,吾又守之,九日而后能外生。已外生矣,而后能朝彻。朝彻而后能见独,见独而后能无古今,无古今而后能入于不死不生。杀

生者不死，生生者不生。其为物无不将也，无不迎也，无
不毁也，无不成也。其名为撄宁，撄宁也者，撄而后成
者也。"

南伯子葵为初学者，葵花向阳而开，乃生物之向光性，
当处处寻师之象，可参考《华严经》善财之五十三参。女偊犹
善知识，于象而言，可当父系社会和母系社会，公天下和家天
下之间。"年长而色若孺子"，乃修道所致，必得此永葆青春
之象，方能无古今而言道。"吾闻道矣"为关键，于汉地儒家
参观《论语·里仁》"朝闻道，夕死可矣"，于藏传佛教参观
《米拉日巴尊者传》（张澄基译）"闻法即解脱"（《米拉日
巴大师集》中卷，民族出版社，2001年版，第689页）。然而
以南伯子葵其时之根基，实未能知"闻道"何谓，故转而往下
问："道可得学邪？"于是由顿入渐，由无修入有修。前已云
"道可传而不可受"，可学固不是，不可学亦不是，故女偊
曰："恶，恶可！子非其人也。"此以杀为活之法，盖必须点
死侥幸心理，故引出下文卜梁倚。此于正面必不能言，不得不
间接转述，于是讲故事或谈他人，以旁敲侧击出之。而真正的
上根利器，一定走钝根路线，所谓天才就是懂得自觉用功之人
是也。卜梁倚于《易》当大过栋桡乃至栋隆之象，亦即《悟
真篇·后序》所谓"有巨势强力，能持危拯溺，慷慨特达，

能仁明道之士"。"圣人之才"和"圣人之道"犹阴阳，阴阳宜相合，圣人者，乃所谓阴平阳秘乎。以道告才，多少有些像现代教练员与运动员，然声气相应而投其机甚难，需要因与缘之凑合。王重阳《立教五十论》二《论云游》："问道无厌，若一句相投，便有圆光内发。""守而告之"，谓等待合适时机。守者反身自修，而自修即教人，教人即自修也。此以守为告，乃最密之法。于象而言，女偊与卜梁倚，盖二而一者乎。参（亦即叁）、七、九乃数之进程，"外天下"、"外物"、"外生"乃象之进程。参犹"三生万物"，故能"外天下"。七犹"七日来复"，故能"外物"。九犹"九九归一"，故能"外生"。褚伯秀《南华真经义海纂微》卷十七："始外天下，特遗其粗；外物，遗其在彼者；外生，遗其在我者。在我犹遗，则无所不忘矣。""外生"无我，乃由渐入顿，由有修入无修也。"朝彻"以下，逐步显出内证之境。"朝彻"如朝阳之光明，盖阴尽阳纯，豁然开朗。《诗·大雅·卷阿》："凤凰鸣矣，于彼高冈。梧桐生矣，于彼朝阳"，亦此景象。"见独"乃得一，《老子》二十五章"有物混成，先天地生"云云，又曰"独立而不改"。"无古今"，消解客观时间。"不死不生"，消解主观时间。"杀生者不死，生生者不生"，此庄子所见之道体流行，杀生者与生生者，一物之两面也。参考赫拉克里特："不死者即会死者，会死者即不死者。此生即彼死，此死即彼生。"（D62，参见《古希腊罗马哲学》，同上，第24页）"不将不迎"又见《应帝王》，"毁也成也"又见《齐物论》。"撄宁"点出要旨：撄为干扰，宁为安静，然而并非宁在他处，就在撄上宁之。此成既济于未济，成者，成就也。"撄宁"声音甚悦耳，《聊斋志异》有女名婴宁，或受此启发。《射雕英雄传》二十二回记郭靖为洪七公诵《九阴真经》："人徒知枯坐息思为进德之功，殊不知上达之士，圆通定慧，体用双修，即动而静，虽撄而宁。"洪七公"啊"了一声，把几句话揣摩了良久，亦用此撄宁之象。又近代有道教人物名陈撄宁，倡"仙学"之说。

> 南伯子葵曰："子独恶乎闻之？"曰："闻诸副墨之子，副墨之子闻诸洛诵之孙，洛诵之孙闻之瞻明，瞻明闻之聂许，聂许闻之需役，需役闻之於讴，於讴闻之玄冥，玄冥闻之参寥，参寥闻之疑始。"

这番大道理我倒没有听说过，你又是从哪里听来的呢？"独"，强调语气。于是女偊交底，且层层上溯，叙出闻道顺序。"副墨之子"谓书，我是从书上看来的。"洛诵之孙"谓诵读，书上的内容是听来的。洛，或谓络绎不绝，或谓洛书。以人类发展史而言，从猿到人经历了至少数十万年，而有文字的历史只有短短数千年。此数十万年之间并非完全黑暗，早有知识之缓慢积累和传播，此积累就是数千年文明的基础，而传播手段就是"洛诵之孙"，可参考古代各民族早期史诗的保存方法。"瞻明"谓认识，亦即眼睛明亮，诵读的内容是通过观察得来的。"聂许"谓小声低语，"瞻明"之所以能看清，是因为得到了口耳相传的教授。"聂许"与"洛诵之孙"不同，后者是成片的知识，前者含有关键的诀窍。"需役"是劳动，今所谓"实践是检验真理的标准"。"聂许"的知识是在无数代辛苦劳作中摸索出来的，故需悄悄地告诉（whisper），神秘宗有"道不传六耳"之说，藏传佛教所谓"一咒一印，口耳相传"。"於讴"是唱歌，也就是音乐。为什么人能忍耐辛苦的劳作，那是从"於讴"中获得了精神营养。从消极方面来说，"於讴"能舒缓人的劳苦，如《吕氏春秋·慎大览》记管仲教马夫唱歌以逃脱追兵，又如鲁迅《门外文谈》所谓"杭育杭育"。从积极方面来说，可当人的精神动力源，盖希望所寄托，跟宗教起源有关。西方文化的发达，跟音乐发达有关，对思维有潜在启发。然而"於讴"尚非究竟，它又从何来？"玄冥"入微观空间，盖涉及生命本原，《老子》首章所谓"玄之又玄，众妙之门"。入此门有"参寥"之变化，"参"为叁，"寥"为一，本篇有"乃入于寥天一"。三、一之变乃数的基本变化，而庄子之究竟归宿为"疑始"，也就是破除大前提的上出之象。后世禅家之参禅，当由此而来。马克思在回答女儿提出的问题时，曾写下他一生最喜欢的两段拉丁格言：一，人所具有的我都具有（nihil humani a me alienum puto）；一，怀疑一切（de omnibus dubitandum）（《自白》，《马克思恩格斯全集》第31卷，人民出版社，1972年版，第589页）。于中国文化而言，前者可相应《孟子·尽心上》"万物皆备于我矣"，后者可相应《庄子》本篇"疑始"。

> 子祀、子舆、子犁、子来四人相与语曰："孰能以无为首，以生为脊，以死为尻，孰知死生存亡为一体者，吾与之友矣。"

道家人物一般独往独来，然而松散联合亦成一象，可比较佛家如云、如雨、如水，动辄成百上千。以无为首，以生为脊，以死为尻，亦即死生存亡为一体（参见拙稿《〈庚桑楚〉析义》）。孰能云云分言，孰知云云合言，且行与知合一。以无为首者，无生也，故无死也。

> 四人相视而笑，莫逆于心，遂相与为友。

人之相知，贵相知心，禅家拈花微笑，可能相应于此。

俄而子舆有病，子祀往问之。曰："伟哉，夫造物者，将以予为此拘拘也。"

问病之象，参考《维摩诘经·文殊师利问疾品》。拘拘为受钳制之病态，以形体言谓拘挛，以精神言谓拘束。"伟哉"赞叹造物之力，"将以予"谓这次它选中我了。造物和造化，大意略同，而细究尚有其异，在是否保存第一因。造物犹"我来了，看见了，征服了"（Veni, vidi, vici），于《易》当精气为物，既济之象。造化犹"眼看他起朱楼，眼看他宴宾客，眼看他楼塌了"（《桃花扇》结尾《哀江南》），于《易》当游魂为变，未济之象。

曲偻发背，上有五管，颐隐于齐，肩高于顶，句赘指天。

腰弯背驼，骨头突出，下巴与肚脐合，肩高于顶，颈椎弯曲朝天。

阴阳之气有沴，其心闲而无事。

万变俱在人，其实无一事。阴阳之气，谓消息之变。郭象注："沴，陵乱也。"

跰𨂛而鉴于井。

跰𨂛，步履蹒跚。鉴于井，犹观众妙之门。

曰："嗟乎，夫造物者又将以予为此拘拘也。"

又者，已有之事，后必再有，古今一也。前句指涉现实，后句追溯历史。

子祀曰："女恶之乎？"曰："亡，予何恶。

不以生死动其心。

浸假而化予之左臂以为鸡，予因以求时夜。浸假而化予之右臂以为弹，予因以求鸮炙。浸假而化予之尻以为轮，以神为马，予因以乘之，岂更驾哉。

浸假，渐渐，顺势而为。"化尻以为轮"谓坐驰，"以神为马"谓驱走，所谓心猿意马。"予因以乘之，岂更驾哉。"不用另外找了，就是它，盖因应无方，坐地日行八万里，巡天遥看一千河。

　　且夫得者，时也；失者，顺也。

得失随缘，心无增减。

　　安时而处顺，哀乐不能入也。此古之所谓县解也。

因缘和合，缘起性空。亦见《养生主》。县解，《释文》引向云："无所系也。"亦即解脱，脱化。

　　而不能自解者，物有结之。且夫物不胜天久矣，吾又何恶焉。"

未能认识缘起性空，给什么东西束缚住了。"物有结之"，乃只知空间之象。"物不胜天久矣"，化空间为时间。"吾又何恶焉"，此不动心之象，盖已见及时间。

　　俄而子来有病，喘喘然将死，其妻子环而泣之。

喘喘然，入息不敌出息。崔本作惴惴，亦为神散之象。环而泣之，世间之情。

子犁往问之，曰："叱，避，无怛化！"

叱犹喝止，避谓退下。怛，惊动，或害怕。参考《论语·泰伯》曾子曰："启予足，启予手，而今而后，吾知免夫，小子！"

倚其户与之语曰："伟哉造化！又将奚以汝为？将奚以汝适？以汝为鼠肝乎？以汝为虫臂乎？"

倚户而问，于出入之间，亦可能预防传染。《论语·雍也》记孔子问伯牛疾，自牖执其手，曰："亡之，命矣夫！""又将奚以汝为？"这次又要把你怎样呢。"将奚以汝适？"你从何处来，又往何处去。"以汝为鼠肝"、"虫臂"，四大放散，成为其他生命之零件。

子来曰："父母于子，东西南北，唯命之从。阴阳于人，不翅于父母。

乾坤大父母，复媲小父母。翅，同啻，异。

彼近吾死而我不听，我则悍矣，彼何罪焉？

近，渐渐接近，摩荡，感受到死的气息。听（follow），犹顺应变化。吾、我有所异，吾丧执，我有执。悍，态度僵硬，犹螳臂挡车，力点未散。《关尹子·四符》："若有厌生死心，超生死心，止名为妖，不名为道。"阴阳消息，乃自然也，故彼何罪焉。

> 夫大块载我以形，劳我以生，佚我以老，息我以死。故善吾生者，乃所以善吾死也。

与前文呼应，前为客观叙述，此为主观叙述。或谓前为羡文，非。善生善死者，来自它，且回归它。息含二义，息我以死者，含生生之象。

> 今大冶铸金，金踊跃曰：'我且必为镆铘！'大冶必以为不祥之金。今一犯人之形，而曰'人耳！人耳！'夫造化者必以为不祥之人。

人过分强调自己的特殊性和优越性，把自己看成世界的主宰，而不是看作其成员之一，对世界、对本身都会造成伤害。此破人类中心主义，盖化亢龙有悔而成群龙无首之象。大冶犹造化，镆铘为利剑。犯，犹触机。一作范，指陶铸而成。

今一以天地为大炉，以造化为大冶，恶乎往而不可哉。"

不以死生动其心，乃委顺养神之道也。参考《参同契》："乾坤者，易之门户，众卦之父母。坎离匡廓，运毂正轴。牝牡四卦，以为橐籥。"陶渊明《形影神》："纵浪大化中，不喜亦不惧，应尽便须尽，无复独多虑。"

成然寐，蘧然觉。

条件满足了就沉沉睡去，时节到了忽然醒来。成玄英疏："成然是闲放之貌，蘧然是惊喜之貌。寐，寝也，以譬于死也。觉是寤也，以况于生。"

子桑户、孟子反、子琴张三人相与友，曰："孰能相与于无相与，相为于无相为？孰能登天游雾，挠挑无极，相忘以生，无所终穷？"

《天下篇》："上与造物者游，下与外死生、无终始者为友。"相与于无相与，相为于无相为，由相濡以沫而达相忘于江湖。相与在心，相为在形。相与者，犹圣埃克苏佩里《小王子》所谓"驯养"（tame, establish ties）是也。登天游雾，犹鲲化鹏之上出，逍遥游也。挠挑无极，犹探索宇宙和生命之起源。"无极"一词，出《老子》第二十八章："为天下式，常德不忒，复归于无极"，可比较《易》之太极。以后周敦颐《太极图说》"无极而太极"一语，于理学中引起轩然大波。相忘以生，乃化其死。无所终穷，无际之象。

> 三人相视而笑，莫逆于心，遂相与为友。

同前。

> 莫然有间，而子桑户死，未葬。

莫然，或解作漠然，无所肯定且无所确定，乃氤氲之象。

> 孔子闻之，使子贡往侍事焉。

侍事乃助葬，因红白二事，都需要相当的人力物力。笔者幼年之时，常听祖母念叨沪上俗语："生要人，死要人，无事端端要何人。"道家往往批评儒家，却反而显出儒家的好来。

或编曲，或鼓琴，相和而歌曰："嗟来桑户乎，嗟
来桑户乎，而已反其真，而我犹为人猗。"

子贡去了，可是道家之人已经先在那里了。儒家之人发
动前准备太多，略嫌迂曲。编曲当指编薄席，用作裹尸，不脱
离劳动，方成艺术之人生。或编曲，或鼓琴，虽然散散落落，
却隐然间形成阵势。"嗟来桑户乎"云云，所谓哭丧；"而已
反其真"，盖尘归尘，土归土。而，尔，你。《淮南子·精神
训》："精神入其门，而骨骸反其根，我尚何存。"

子贡趋而进曰："敢问临尸而歌，礼乎？"二人相
视而笑曰："是恶知礼意！"

子贡仅知礼之形，二人知礼之意。相视而笑，彼此心通，
有内在优越感。参考《论语·阳货》："礼云礼云，玉帛云乎
哉。乐云乐云，钟鼓云乎哉。"《老子》三十八章："上礼为
之而莫之应，则攘臂而仍之。"

子贡反，以告孔子，曰："彼何人者邪，修行无
有，而外诸形骸，临尸而歌，颜色不变，无以命之，彼何
人者邪。"

子贡黯然返回，没有完成使命。孔子对道家的理解，当然比子贡高得多。"彼何人者邪"，世外高人，未可以常情测度。"修行无有"，可有二解：一，"修行"无有，此为道家极高境界。因修行有其目标，目标终成执著，而彻底解消修行，且化其痕迹，恰可当康德所谓无目的之目的，然与"任病"亦有别。二，修行"无有"，亦为佳义，所谓收藏入虚无窟子，一点点化除，可医治"任病"之失。前者顿门，后者渐门。"外诸形骸"，居前文"外物"和"外生"之间，参考《入药镜》"是性命，非神气"。"临尸而歌"，比较《论语·述而》："子于是日哭，则不歌。""颜色不变"，谓不动心。"无以命之"，由正名而上出于名可名，非常名。"彼何人者邪"，两句首尾相应，无从归类，乃破体之象。

孔子曰："彼游方之外者也，而丘游方之内者也。外内不相及，而丘使女往吊之，丘则陋矣。"

方犹六合，方内主空间，方外兼及时间。游者，出入无疾也。外内不相及，盖判断是非的标准不同，方内自然看不懂方外。且深入以言，方外亦可能为小乘，方内反而可能为大乘，故当沟通外内之消息。又中国所谓方，似可比较柏拉图之洞穴（参见《理想国》第七卷，514a—517d）。"丘则陋矣"，犹高山仰止之情，能贬自以扬他，正所谓圣人之气象。

彼方且与造物者为人，而游乎天地之一气。彼以生为附赘县疣，以死为决疣溃痈。夫若然者，又恶知死生先后之所在。

"彼方且与造物为人"，犹商讨生命起源，参考《应帝王》"予方将与造物者为人"。方且，正在热头上，对其他事物不感兴趣，而你用杂事去打扰他了。"而游乎天地之一气"，犹遨游无穷维，且自由出入于各种维度。"彼以生为附赘县疣"，生命来自对环境的掠夺，发展往往以牺牲环境为代价。此与《书·泰誓上》"惟人万物之灵"不同，与《哈姆雷特》"宇宙的精华，万物的灵长"也不同。以死为决疣溃痈，犹封闭体胞腔（cell）破灭，则回归环境。"夫若然者，又恶知死生先后之所在。"不知死，不知生，超越于生死。

假于异物，托于同体。忘其肝胆，遗其耳目。反覆终始，不知端倪。芒然彷徨乎尘垢之外，逍遥乎无为之业。

"假于异物，托于同体。"犹《五灯会元》卷一毗舍浮佛偈"假借四大以为身"，所谓"四大元无主，五阴本来空"

（《五灯会元》卷六僧肇章次）。"忘其肝胆，遗其耳目。"犹废心而用形。"反覆终始"，大曰逝，逝曰远，远曰反。"不知端倪"，无际无涯。"芒然彷徨乎尘垢之外"，飘然出尘。"逍遥乎无为之业"，可通《逍遥游》。彷徨，逍遥，互文足义，在行动中消业之象。

　　彼又恶能愦愦然为世俗之礼，以观众人之耳目哉。

　　世俗之礼犹作秀，是做给别人看的。

　　子贡曰："然则夫子何方之依？"孔子曰："丘，天之戮民也。虽然，吾与汝共之。"

　　子贡追问，那么老师愿意在方外还是方内呢。孔子回答，我就是这个劳碌命呀。戮，受刑罚之意。"吾与汝共之"，可有二解：一，我和你共同接受这个命运吧。这是主动承担，所谓化宿命为使命，乃儒家之高境。二，我和你共同向往方外吧。如此则儒家尚未解脱，应该上出于道家。当然亦可兼含二解，且似以不解析更妙。

　　子贡曰："敢问其方。"孔子曰："鱼相造乎水，

人相造乎道。相造乎水者，穿池而养给；相造乎道者，无

事而生定。故曰，鱼相忘乎江湖，人相忘乎道术。"

"敢问其方"，如何走通这条向上之路，从没有方向中指点出方向来。水、道，乃活动之介质；相造，犹活动其中。《中庸》曰："道也者，不可须臾离也，可离非道也。""穿池而养给"，造个水池就能获得需要的养分。"无事而生定"，在精神上获得场振荡的能量。"鱼相忘乎江湖"，亦即相濡以沫，不若相忘于江湖。"人相忘乎道术"，于道术中获得真正的自由。道术，《天下篇》称古之道术。

子贡曰："敢问畸人。"曰："畸人者，畸于人而

侔于天。故曰，天之小人，人之君子；人之君子，天之小

人也。"

畸者，不偶也，今云另类，俄国文学有所谓多余的人。然另类仅知空间，畸人者，贯通时间也。侔，齐。人中多余之畸零，补全天之所缺。天、人标准不同，道家取天之标准，儒家取人之标准。荀子《解蔽》批评"庄子蔽于天而不知人"，然庄子含反向之几，荀子未必能知也。

颜回问仲尼曰：“孟孙才其母死，哭泣无涕，中心不戚，居丧不哀。无是三者，以善处丧盖鲁国，固有无其实而得其名者乎？回壹怪之。”

“哭泣无涕，中心不戚，居丧不哀。”违背了处丧标准而称善处丧，岂非名不符实。然而处丧并无标准，真实地表达自己的情感，就是善处丧，因为这才对得起死去的亲人。

仲尼曰：“夫孟孙氏尽之矣，进于知矣。唯简之而不得，夫已有所简矣。

孟孙氏完全做到了合于礼。常人仅知丧之形，而此人已得其心。外与内相合，也就是上文的“礼意”。“唯简之而不得”谓简其形，“夫已有所简矣”谓简其心，所谓损之又损是也。

孟孙氏不知所以生，不知所以死，不知就先，不知就后。

“不知所以生，不知所以死”，消解生死两端之机括。“不知就先，不知就后”，先后也失去意义。

若化为物，以待其所不知之化已乎。且方将化，恶
知不化哉？方将不化，恶知已化哉。吾特与汝，其梦未始
觉者邪。

"若化为物，以待其所不知之化已乎。"已知生死之化，且
待生死之再化。"且方将化，恶知不化哉？方将不化，恶知已化
哉。"谓阴阳相隔，生死有不同之坐标系，然亦有可通之处，此
即《天下篇》所谓"无终始、外生死"。"吾特与汝，其梦未始
觉者邪。"谓执于分别心，盖仅知变易，尚未知其不易。然知梦
即非梦，《三国演义》诸葛亮所谓"大梦谁先觉，平生我自知"
（三十八回）。

且彼有骇形而无损心，有旦宅而无情死。

"有骇形"谓外表异于常人，"无损心"谓神气不变。
"有旦宅"谓惊扰，即上文"无怛化"之怛。"无情死"谓不
凝结。郭象、成玄英以为旦宅乃日新之象，以形之改变为宅舍
之日新，亦成其说。

孟孙氏特觉，人哭亦哭，是自其所以乃。且也相
与吾之耳矣，庸讵知吾所谓吾之乎。且汝梦为鸟而厉乎

天，梦为鱼而没于渊。不识今之言者，其觉者乎，其梦
者乎。"

"特觉"，有特别的觉悟。"人哭亦哭"，随顺世俗。
"是自其所以乃"，完全根据因缘而来，不关乎别人。林希逸
《南华真经口义》："此六字最奇，言其自得之妙。""相与
吾之"，相与谓彼此对立，吾犹吾丧我之吾，吾之犹化主体为
客体。郭象注："夫死生变化，吾皆吾之。既皆是吾，吾何失
哉。未始失吾，吾何忧哉。""庸讵知吾所谓吾之乎"，盖吾
即吾之，则彼非此是，彼是此非，彼亦一是非，此亦一是非。
郭象注："靡所不吾也，故玄同外内，弥贯古今，与化日新，
岂知吾之所在也。""且汝梦为鸟而厉乎天，梦为鱼而没于
渊。"于生命基因中显出的景象，应该像观电影一样观之，而
且化除在观电影之我。"不识今之言者，其觉者乎，其梦者
乎。"随梦而化，其主体终未可确定，乃消解执念。

> 造适不及笑，献笑不及排，安排而去化，乃入于寥
> 天一。

"造适不及笑"，碰巧适意了，比笑的反应还快，犹《达
生》所谓"忘足，履之适也"。"献笑不及排"，幽默不能安

排，犹如云间的闪电，参考钱钟书《说笑》。此非通俗喜剧按摩人之笑点，而是智慧的成就。献，或读为戏。"安排而去化"，随顺于情势之变化，郭象注："安于推移而与化俱去。""乃入于寥天一"，贯通于绝对的境界。

　　意而子见许由，许由曰："尧何以资汝？"意而子曰："尧谓我，汝必躬服仁义而明言是非。"许由曰："而奚为来轵？夫尧既已黥汝以仁义，而劓汝以是非矣！汝将何以游夫遥荡恣睢转徙之涂乎？"意而子曰："虽然，吾愿游于其藩。"

　　"尧何以资汝？"尧又告诉了你什么呢？或者，尧又给了你什么精神营养呢？资谓信息，犹给养或负熵。"尧谓我，汝必躬服仁义而明言是非。"此为儒家之说，躬服谓身体力行，明言谓明确分辨。"而奚为来轵？"你为什么到我这儿来呢？轵为语气词。"夫尧既已黥汝以仁义，而劓汝以是非矣！"你已经戴上了这么多套子，怎么可能还有自由呢？"汝将何以游夫遥荡恣睢转徙之涂乎？"遥荡，犹逍遥；恣睢，犹恣肆；转徙，飘来荡去，一宅而寓于不得已。整句犹抟扶摇而上三百里，螺旋上升之象。"虽然，吾愿游于其藩。"这是我所向往的境界，你告诉我进修的途径吧。

许由曰："不然。夫盲者无以与乎眉目颜色之好，聋者无以与乎青黄黼黻之观。"意而子曰："夫无庄之失其美，据梁之失其力，黄帝之亡其知，皆在炉捶之间耳。庸讵知夫造物者之不息我黥而补我劓，使我乘成以随先生邪？"许由曰："噫，未可知也。我为汝言其大略。吾师乎，吾师乎。䪅万物而不为义，泽及万世而不为仁，长于上古而不为老，覆载天地刻雕众形而不为巧，此所游已。"

"夫盲者无以与乎眉目颜色之好，聋者无以与乎青黄黼黻之观。"不但需要美，而且需要欣赏美的眼睛。告诉你也不会懂，因为几乎不能描述，无法指示途径。"夫无庄之失其美，据梁之失其力，黄帝之亡其知，皆在炉捶之间耳。"无庄，古之美人，据梁，古之多力人，此犹阴阳，而黄帝犹中道。皆在炉捶之间耳，如果遇到适当机缘，乃一转眼之变化。"庸讵知夫造物者之不息我黥而补我劓，使我乘成以随先生邪？"息黥补鼻，犹改革DNA，有可逆之象。乘成，即上文"因以乘之，岂更驾哉"。意而子决不放弃，跟着感觉走。许由，许其由也。"噫，未可知也。"既然如此，那就试试吧。"吾师乎，吾师乎……此所游已。"不断调整，不断重组，不为义仁老巧，别开上出一路。此即"大宗师"之师，亦即"逍遥游"

之游。

> 颜回曰："回益矣！"仲尼曰："何谓也？"曰：
> "回忘仁义矣！"曰："可矣，犹未也。"他日复见曰：
> "回益矣！"曰："何谓也？"曰："回忘礼乐矣！"
> 曰："可矣，犹未也。"他日复见曰："回益矣！"曰：
> "何谓也？"曰："回坐忘矣！"

　　此节可接《人间世》，是儒家弟子进步之象。"回益矣！"我又进步了。"何谓也？"到底怎么啦。忘仁义、忘礼乐有两解，一，由忘仁义而忘礼乐，有本篇为证；一，由忘礼乐而忘仁义，有《淮南子·道应训》为证（刘文典《庄子补正》）。何者为是，历来有争论（见王叔岷《淮南子与庄子》，《庄学管窥》，台湾艺文印书馆，1968年版，第67页），其实皆可以。前者由内而外，后者由外而内，发动起于何处，不必然矣。颜回大贤，庄门所出（一说出于子贡），《论语》赞孔，回亦最善，然"欲罢不能"，已微露不足之意，短命而死，或非偶然。此篇盖庄子助其力，由"欲罢不能"（《论语·子罕》）至"一宅而寓于不得已"（《人间世》）。此《大宗师》"坐忘"之象，又深妙于《人间世》之"坐驰"。所谓坐者，或谓端坐用功，或谓因也。

　　仲尼蹴然曰："何谓坐忘？"颜回曰："堕肢体，黜聪明，离形去知，同于大通。此谓坐忘。"仲尼曰："同则无好也，化则无常也，而果其贤乎！丘也请从而后也。"

　　蹴然一惊，为颜回本人成就之象，亦为孔颜师生双成之象。"堕肢体，黜聪明"，由身而心，乃向上一着工夫。离形犹支离其形，去知犹支离其德。此化其体，方能由小而大，大通犹太虚无碍，犹大道也。无好犹乾始，无常犹变易，"而果其贤乎！丘也请从而后也。"孔子退让一步，犹释氏之示现，盖善为师者，决不阻碍弟子进步之路，亦《易》所谓"撝谦"也。

　　子舆与子桑友，而霖雨十日。子舆曰："子桑殆病矣。"裹饭而往食之。

　　子祀、子舆、子犁、子来四人为友，子桑户、孟子反、子琴张又为友，此子舆与子桑为友，乃沟通两组人物，故七人为友，子桑当即子桑户。"子桑殆病矣"，子舆想到了朋友，也可能有感应。"裹饭而往食之"，盖相助之义。

　　至子桑之门，则若歌若哭，鼓琴曰："父邪，母邪，天乎，人乎。"有不任其声而趋举其诗焉。

若歌若哭,歌斯哭斯。在极其贫穷的状况下仍不弃琴,也是道家之艺术人生。《白虎通》:"琴者,禁也。禁止于邪,以正人心也。""父邪,母邪,天乎,人乎",此即人之至情,盖"困急而呼天,疾通而呼父母"(苏辙《为兄轼下狱上书》)。"有不任其声而趋举其诗焉",谓有声无气,盖气息渐微。气是诗文之动力,趋则向前,举则向上,所谓"气盛则言之短长与声之高下者皆宜"(韩愈《答李翊书》)。中国古代文论,盖以气为主。

　　子舆入,曰:"子之歌诗,何故若是?"曰:"吾思夫使我至此极者而弗得也。父母岂欲吾贫哉?天无私覆,地无私载,天地岂私贫我哉?求其为之者而不得也。然而至此极者,命也夫!"

歌诗犹今之咏叹调,不同于无声之诗。"吾思夫使我至此极者而弗得也。"思考造成这一切的原因而未有结论,犹《人间世》所谓"知不能规其始"。大宗师并非高高在上的大人物,就是这些卑微的小人物,且修持使其伟大,获得做人的尊严。"父母岂欲吾贫哉?"父母爱子女之心,无微不至,古今竟无异也。"天无私覆,地无私载,天地岂私贫我哉?"天地亦无不公,参考《老子》五章"天地不仁"。"求其为之者而不得也。"求其能量源而不可得，思考终极而不可得。"然而至此极者，命也夫！"命为代名词，犹一切因素的总根源，而安之若素，看似消极，实际乃化去力点之举。

# 《应帝王》析义

解题：应，相应。帝，根柢。王，贯通天地人为王，《说文解字》："一贯三为王。"《庄子》内七篇有其整体之象，前六篇交织而言天地人，第七篇收束之，乃相应于内圣外王之道。郭象注："夫无心而任乎自化者，应为帝王也。"钟泰注："应亦当为因应之应，非谓如是当为帝王也。"

　　齧缺问于王倪，四问而四不知。齧缺因跃而大喜，行以告蒲衣子。蒲衣子曰："而乃今知之乎？有虞氏不及泰氏。有虞氏其犹藏仁以要人，亦得人矣，而未始出于非人。泰氏其卧徐徐，其觉于于。一以己为马，一以己为牛。其知情信，其德甚真，而未始入于非人。"

　　"齧缺问于王倪，四问而四不知。"王倪，齧缺之师，尧时贤人，亦见《齐物论》、《天地》等。四问而四不知，空空如也，"丧我"之象。"齧缺因跃而大喜"，受到启发而大悟，如释重负故能"跃"，内心欢欣故"大喜"。暂时摆脱地心引力"因跃而大喜"，犹参禅之桶底脱落。有两种情形能达此境：一，爱情，此相应于"基因"（gene）之变化；一，宗教，此相应于"拟子"（meme）之变化（参见英国生物学家理查德·道金斯《自私的基因》）。"行以告蒲衣子"，得到动力故能"行"，因停留在身上不好，边吸收边散发，行路之长短相当于吸收之过程。后世禅家学人，往往在甲处有得后到乙处印证，亦此"行"之过程。

　　齧缺如获至宝的东西，热气腾腾地拿到高人处显示，蒲衣子却当头一盆冷水："而乃今知之乎？"你今天终于知道了呀？却原来平淡至极。以"不知"映照"知"，以"无言"显示"有言"，蒲衣子正为关键。庄书屡曰"言无言"（参见拙稿《〈寓言〉析义》），而于无言处之所得，仍需于有言处印证，故《外物》云："吾安得夫忘言之人而与之言哉。"蒲衣子亦即被衣，王倪之师。于师处之所得，仍需至师之师处印证，此一上出过程，意味甚深。"有虞氏不及泰氏。""有虞氏"谓舜，虞是舜的国名。"泰氏"《经典释文》引司马彪谓上古帝王，成玄英疏谓伏羲。泰为太昊之太，取天地交泰之义。"藏仁以要人"，以"仁"来要求人，要挟人，"要"犹拦截。"亦得人矣"，合乎一部分人性，在有限范围内也能行得通。"而未始出于非人"，终未能贯通整体生物。"其卧徐徐，其觉于于"，悠然自得的样子，完完全全松弛了。《释文》引司马彪云："徐徐，安隐貌。于于，无所知也。"参看《论语·述而》："子之燕居，申申如也，夭夭如也。"

"一以己为马，一以己为牛。"一会儿把自己当作马，一会儿把自己当作牛。以佛家而言，乃深入六道之菩萨，所谓"东家作驴，西家作马"（《五灯会元》卷四长沙景岑章次），然其时尚无此类概念。《说卦》第五章："乾为马，坤为牛。"直接以为马，直接以为牛，此贯通八卦之象，可参考《天道》："昔者子呼我牛也而谓之牛，呼我马也而谓之马。""其知情信"的"情"有两解：一实指，谓情感。一虚指，谓程度。若与"其德甚真"的"甚"映照，则以虚指为上。情者，实也。"其知情信"，纯厚质朴，诚而能通，故

"其德甚真"。"未始出于非人"与"未始入于非人"相对而言，探讨人和生物的关系。"未始出于非人"，虽然已知道人何以为人（"仁"），但实际上还是没有脱离生物。"未始入于非人"，虽然"一以己为马，一以己为牛"，但实际上还是人，并没有成为马和牛。人和生物关系即此两种，"有虞氏"不及"泰氏"，亦即儒家和道家的分辨处。

又蒲衣子、王倪、齧缺皆为尧时贤人，则此节所评正是其时之当代史，亦所谓"古今之争"也。《天地》云："尧之师许由，许由之师齧缺，齧缺之师王倪，王倪之师被衣。"于四子取蒲衣子、王倪、齧缺之辩证而不取许由之逃尧，有其极深之义。高远之人安身于高远之处，此讨论政制的生物根源，与实际的权力运作无关。洗去许由而未言者，犹化政治为哲学云。

> 肩吾见狂接舆。狂接舆曰："日中始何以语女？"肩吾曰："告我君人者以己出经式义度，人孰敢不听而化诸！"狂接舆曰："是欺德也。其于治天下也，犹涉海凿河而使蚊负山也。夫圣人之治也，治外乎？正而后行，确乎能其事者而已矣。且鸟高飞以避矰弋之害，鼷鼠深穴乎神丘之下以避熏凿之患，而曾二虫之无知。"

肩吾见狂接舆。肩吾、狂接舆，亦见《逍遥游》。狂者，放言也。"日中始何以语女?""日中始"人名,《经典释文》说他是一位贤人,一本无"日"字。以庄生寓言观之,此名当出于杜撰,乃当时流行理论的人格化。"日中"谓如日中天,"始"谓还将流行下去。这种理论肩吾传信之,狂接舆则驳斥之。"告我君人者以己出经式义度,人孰敢不听而化诸!"统治者以自己为尺度而发布治理天下标准,没有人敢于不听而不跟着变化,这种情形历史上屡次出现,读来似曾相识。这些"经式义度"有些是对的,至少有部分合理成分,然而这一做法却是错的,因为终以一己衡量天下,未能自知其无知也。"是欺德也。其于治天下也,犹涉海凿河而使蚊负山也。""欺德"的"欺"字绝妙,它是明知对手缺乏抵抗力而硬吃你,所谓"欺负"、"欺骗"、"欺行霸市"皆由此而来。然而果真这样吗?对心性以至于环境的辜负、亏欠、透支,真能够不还吗?"德"者得于天,欺德即欺天,欺天者真能治天下吗?涉海、凿河而蚊负山,庄子当时自信地以为不可能,然而今天涉海有飞机和海轮,凿河有苏伊士、巴拿马和京杭大运河,庄子留下的阵地仅有蚊负山而已。又"蚊"可能为"蚁"之误,然而《秋水》亦作"蚊负山",则仍以"蚊"为是。"夫圣人之治也,治外乎?正而后行,确乎能其事者而已矣。"庄子理想的治天下不是"治外"而是"正而后行"(justice),每个人尽其性分,发挥所长,和"各尽所能"有所相似。"且鸟高飞以避矰弋之害，鼷鼠深穴乎神丘之下以避熏凿之患，而曾二虫之无知。"
飞禽走兽等无知的动物都会害怕，那么人呢？

> 天根游于殷阳，至蓼水之上，适遭无名人而问焉，
> 曰："请问为天下。"无名人曰："去！汝鄙人也，何问
> 之不豫也！予方将与造物者为人，厌则又乘夫莽眇之鸟，
> 以出六极之外，而游无何有之乡，以处圹埌之野。汝又何
> 帛以治天下感予之心为？"又复问，无名人曰："汝游心
> 于淡，合气于漠，顺物自然而无容私焉，而天下治矣。"

"天根游于殷阳，至蓼水之上，适遭无名人而问焉，曰：
'请问为天下。'"天根徜徉在山水之间，是否见山是山见水
是水（《五灯会元》卷十七青原惟信章次），不知道，只知道
他心中有一个问题没有解决。正好遇到无名人，天根就把问题
提出来了。"无名人"和"名人"对立，因"名人"有其长，
然亦有其限。而"无名人"含二义，一为群众（mass），其要
求、利益和智慧皆宜注意，所谓"群众是真正的英雄"。一为
大学问家化去自己而隐身于人群中，《逍遥游》所谓"圣人无
名"。而圣人所相应的正是群众（Extremes meet），《五灯会
元》卷一达磨诫神光"勿轻未悟"是也。

"去！汝鄙人也，何问之不豫也！""何问之不豫也"，

你问得我很不舒服。豫，悦也。"予方将与造物者为人，厌则又乘夫莽眇之鸟，以出六极之外，而游无何有之乡，以处圹埌之野。汝又何帛以治天下感予之心为？""予方将与造物者为人"，我正在与造物者打交道，研究人之何以成为人，参考《逍遥游》："是其尘垢粃穅，犹将陶铸尧舜者也。"厌倦了又乘"莽眇之鸟"出游，莽眇乃大小之象，参考《德充符》："眇乎小哉，所以属于人也。謷乎大哉，独成其天。"香港电影《阿飞正传》有一句台词："传说有一种无脚鸟，它只能不停地飞而不能停下，因为停下来就是死亡。""莽眇之鸟"也是一种无脚鸟，然而它可以出入于不同空间和维度，因为能力不同，且已得其"至"。杭州灵隐寺一线天石壁有刻字"息羽听经"，或可当其象，亦即无脚鸟之所歇处。"六极"指上下四方，亦可指六爻，然则"六极之外"何谓乎？比较《逍遥游》："若夫乘天地之正，而御六气之辩，以游无穷者，彼且恶乎待哉。""无何有之乡，圹埌之野"，乃无脚鸟之所游处，亦即《逍遥游》"无何有之乡，广莫之野"。无何有者，无所处也（Utopia），无所得也。圹埌者，《释文》引崔云："犹旷荡也。""汝又何帛以治天下感予之心为"？"帛"，语助词。于音近或作寱（呓），犹如说梦话。形近或作帛，束缚，今云"套牢"。"又复问"，于浅近而论，待再问而后答，乃验其诚心。于深入而论，前所言"去！汝鄙人也"云云已成第一答，后所言"游心于淡"云云乃成第二答，彼此互成。第一答者，不答而答也。第二答者，答而不答也。"汝游心于淡，合气于漠，顺物自然而无容私焉，而天下治矣。"此修养之法，甚简甚易，于淡漠之中，至味存焉。顺物自然而无容私焉，即《齐物论》"为是不用而寓诸庸"，而国犹身也，故天下治矣。"天根"于《易》当复象，参考邵雍《伊川击壤集》卷十六《观物吟》："乾遇巽时观月窟，地逢雷处探天根。"游于殷阳乃至蓼水者，游于社会乃至自然也。化于"无名人"者，乃化去复象也。

> 阳子居见老聃曰："有人于此，向疾强梁，物彻疏明，学道不倦。如是者可比明王乎？"老聃曰："是于圣人也，胥易技系，劳形怵心者也。且也虎豹之文来田，猨狙之便、执斄之狗来藉，如是者可比明王乎？"阳子居蹴然曰："敢问明王之治？"老聃曰："明王之治，功盖天下而似不自己，化贷万物而民弗恃。有莫举名，使物自喜，立乎不测，而游于无有者也。"

阳子居、老聃，亦见《寓言》，阳子居亦即杨朱。"向疾强梁"，向疾，反应敏捷，且追求速度。强梁，干练，犹汉末许劭评曹操所谓"治世之能臣，乱世之奸雄"（《三国志·魏书·武帝纪》裴注引孙盛《异同杂语》，《后汉书·许劭传》略同）。"物彻疏明"，物彻，洞察一切，无微不知；疏明，看得出间隙，且看得远，《礼记·经解》："疏通知远，《书》教也。""学道不倦"，亦即《寓言》之"勤志服知"，参考《老子》四十一章："上士闻道，勤而行之。"《论语·学而》："学而时习之。""如是者可比明王乎？""明王"，向明而治之王，今可云"英明领袖"。"是于圣人也，胥易技系，劳形怵心者也。"巧者劳而智者忧，无能者无所求。胥易，像小吏一样处理无穷公务，易谓不断变换，犹工作于流水线。《三国演义》一百零三回司马懿云："孔明食少事烦，其能久乎。"技系，受到技能的拖累。或谓枝系，那就是受到各种拖累。劳形怵心，劳力劳心，耗费精神。"虎豹之文来田，猨狙之便、执斄之狗来藉。"《易·系辞》："慢藏诲盗，冶容诲淫。"有什么所长就招来什么束缚。虎豹之文来田，虎豹的花纹招来围猎。猨狙之便，猿狙的敏捷。执斄之狗，善于捕获斄牛的狗。来藉，招来绳索的牵绊，藉，系也。问以明王而答以圣人者，犹言古之圣王，亦即内圣外王之道。明王有位，圣人无位，后世有素王之说（语出《天道》）。"敢问明王之治？"什么才是明王之治呢？"功盖天下而似不自己，化贷万物而民弗恃。"此即哈耶克所谓"大社会"（the Great Society），民间有不同层次的生长力量，不宜简单归结于某一中心。不自己，谓不由己出，即化解上文"以己出经式义度"。或作不自已，不停留下来，不固定下来。化贷万物，犹资始资生。化贷，犹在宥，万物舒解之象。民弗恃，老百姓也不倚赖。"有莫举名"，因举名即可执，亦可窃，而国之利器不可以示人（参见《老子》三十六章）。执著名相不放者，或为不懂，或为别有用心。"使物自喜"，盖物物一太极，各得其所，发出内心的欢笑。自喜，不是计划或安排使他喜，而是让他自己喜。"立乎不测"，阴阳不测之谓神，所谓"藏身处没踪迹，没踪迹处莫藏身"（《五灯会元》卷五船子德诚章次）。"而游于无有者也。"乃化除所有痕迹，《庚桑楚》所谓"无有一无有，圣人藏乎是"。

> 郑有神巫曰季咸，知人之死生存亡，祸福寿夭，期以岁月旬日若神。郑人见之，皆弃而走，列子见之而心醉，归以告壶子，曰："始吾以夫子之道为至矣，则又有至焉者矣。"

"郑有神巫曰季咸，知人之死生存亡，祸福寿夭，期以岁月旬日若神。"此即古今一切术数之根本追求，而《庄子》此节破一切术数，心醉此道者，或可已乎。知人之生死存亡，祸福寿夭，或不甚难，期以岁月旬日若神，乃难。因不但定性，而且定量，且于测算可形成检验。"郑人见之，皆弃而走。"此活画古今迷信者之心理，因测算惟恐不准，而一旦真的准了，却又害怕逃跑了（human kind cannot bear very much reality）。"列子见之而心醉"，列子由于有点程度，故不害怕，但也由于仅仅这点程度，故心醉。"始吾以夫子之道为至矣，则又有至焉者矣。"本来我以为老师你最厉害了，谁知还有比你更厉害的人呢。列子归以告壶子，可见对老师的信任。把否定老师的话也当面说，既可见列子的天真无邪，也可见师生之间的不拘形迹。

　　壶子曰："吾与汝既其文，未既其实，而固得道与？众雌而无雄，而又奚卵焉！而以道与世亢，必信，夫故使人得而相汝。尝试与来，以予示之。"

"既其文，未既其实"，仅达其表面，未达其实质。既，尽也。"而固得道与？"你难道真的得道了吗？"众雌而无雄，而又奚卵焉"，谓阴阳配合，列子未能化体起用，早已配合季咸而不自知。孙嘉淦《南华通》："人所以能相者，皆我示以心，无心则人奚相焉？""而以道与世亢，必信，夫故使人得而相汝。"此谓道为无，世为有，无、有配合而道不可得而见，《中论·观四谛品》："若不依俗谛，不得第一义。"

列子以道为有，故与世亢而必信。亢为抗衡，信为伸展，列子端出了一个体，"夫故使人得而相汝"。"尝试与来，以予示之。"你试着带他来，让他来相相我。

> 明日列子与之见壶子，出而谓列子曰："嘻，子之先生死矣，弗活矣，不以旬数矣。吾见怪焉，见湿灰焉。"列子入，泣涕沾襟，以告壶子，壶子曰："乡吾示之以地文，萌乎不震不正。是殆见吾杜德机也。尝又与来。"

季咸所见为"湿灰"，决无负墒，犹"热寂"之象。壶子所示为"地文"，则仍在绝对零度以上。季咸见其"不震不正"，故云"死矣，弗活矣，不以旬数矣"。壶子更能见其"萌"，"萌"者，天地之间永存之生气，且从"不震不正"中出，故绝对零度不可能达到。"不震不正"虽似"杜德"，而"萌"者其"机"尚存，"机"（几）者动之微，吉之先见者也。"吾见怪焉"，盖此象难得一见，故不能理解。"泣涕沾襟"，乃见师生之深厚感情。"尝又与来"，亦见壶子之自信和勃勃生机。

> 明日，又与之见壶子，出而谓列子曰："幸矣，子之先生遇我也。有瘳矣，全然有生矣。吾见其杜权矣。"

列子入以告壶子，壶子曰："乡吾示之以天壤，名实不
入，而机发于踵。是殆见吾善者机也。尝又与来。"

"杜德机"犹剥而坤，"善者机"犹坤而复，"杜权"
盖穷上反下之变。"名实不入"，乃以性命学取代刑名学，亦
刑名学之向上一着。"机发于踵"，即《大宗师》"真人之息
以踵"。"杜德机"至"善者机"，乃"死灰复燃"之理，参
观《五灯会元》卷九沩山灵佑章次："侍立次，（百）丈问：
'谁？'师曰：'某甲。'丈曰：'汝拨炉中有火否？'师拨
之曰：'无火。'丈躬起，深拨得少火，举以示之曰：'汝道
无这个，聻！'师由是发悟。"又卷一九龙门清远章次，龙门
参五祖法演，拨炉见余火一点，恍然悟道，曰："深深拨，有
些子。平生事，只如此。"又作偈曰："拨火悟平生。""文
化大革命"结束后，某流行小说题辞引古希腊埃斯库罗斯：
"宙斯留下生命之火，余焰还在慢慢燃烧着。"王夫之《庄子
通·叙》："予无能见壶子天壤之示也久矣！"故有"七尺从
天乞活埋"之象。（《船山鼓棹初集·鹧鸪天》"刘思肯画史
为余写小像，虽不尽肖，聊为题之"："铅华未落君还在，我
自从天乞活埋。"自注引《观生居旧题壁》云："六经责我开
生面，七尺从天乞活埋。"）"幸矣，子之先生遇我也。有瘳
矣，全然有生矣。"季咸贪天之功以为己力，其学实未究竟。

　　明日，又与之见壶子，出而谓列子曰："子之先生不齐，吾无得而相焉。试齐，且复相之。"列子入，以告壶子，壶子曰："吾乡示之以太冲莫胜。是殆见吾衡气机也。鲵桓之审为渊，止水之审为渊，流水之审为渊。渊有九名，此处三焉。尝又与来。"

　　"太冲莫胜"盖得复、姤变化之根。太冲者，太虚也，亦为《易》之始。清初学者黄宗羲，字太冲，可见其间之联系。宗羲者，宗伏羲也。"莫胜"或谓无朕兆，或谓无胜负，盖太虚漠然无朕，阴阳之气无偏胜也。"天壤"阳而"地文"阴，而"太冲莫胜"者，乃阴阳不测也。以养生学而言，"善者机"之"机发于踵"犹贯通冲脉，则"衡气机"犹贯通带脉。或谓"杜德机"、"善者机"、"衡气机"乃死、生、不定之象，亦成一说。"鲵桓之审为渊，止水之审为渊，流水之审为渊。渊有九名，此处三焉。"九名可参看《列子·黄帝》。《列》九《庄》三者，《列》举稍详，《庄》则简劲矣。于《易》"九"当洛书之数，举其三者，亦可通焉。不齐，不确定之象。欲齐乃可相，季咸技穷焉。

　　明日，又与之见壶子。立未定，自失而走。壶子曰："追之。"列子追之不及，反以报壶子，曰："已灭矣，已失矣，吾弗及已。"壶子曰："乡吾示之以未始出

吾宗。吾与之虚而委蛇，不知其谁何，因以为弟靡，因以
为波流，故逃也。"

"立未定，自失而走。"壶子气场全出，季咸一触即溃。
"未始出吾宗"，即《天下篇》"不离于宗，谓之天人"，乃
五种人之首。以《列子·天瑞》而言，"太冲莫胜"似可当太
素、太始、太初，尚有其机。"未始出吾宗"似可当太易，故
无机可言也。"吾与之虚而委蛇，不知其谁何，因以为弟靡，
因以为波流。"吾与之虚而委蛇，乃化消极为积极。不知其谁
何，我既不是我，你也不是你。因以为弟靡，因以为波流，犹
波粒二象之变。此壶子之化体起用，而季咸未能丧其执，故逃
也。"逃"者，见兆而走也，后世所谓"望风而逃"、"逃
之夭夭"皆此象。列子追之不及，相应于"已灭矣，已失矣"
（fade out），此之谓"消失"。

然后列子自以为未始学而归。三年不出，以为妻
爨，食豕如食人。于事无与亲，雕琢复朴，块然独以其形
立。纷而封哉，一以是终。

"然后列子自以为未始学而归。"一个人发展到一定阶
段，再无突破，原先的成功经验皆成障碍，于是重新回炉，

重新来过，重新认识原点何在，重新获得生力。"三年不出，以为妻爨，食豕如食人。"此即《老子》第四章所谓"和光同尘"。"三年不出"指觉悟后闭门自修，且可见以前之得少为足，沾沾自喜。"以为妻爨"是最早的"上海好男人"，有平等思想的萌芽。"食豕如食人"，指与生物的沟通。"与事无与亲，雕琢复朴，块然独以其形立。""于事无与亲"，指做事无沾恋，后世所谓"无事于心，无心于事"。《维摩诘经·观众生品》记天女散花，心有沾恋者花皆著身，拂之不去。"雕琢复朴"极深，《神雕侠侣》第二十六回"重剑无锋，大巧不工"有点像，但还不是。"雕琢复朴"是指雕琢雕琢，忽然雕琢出一块从未雕琢过的东西来了。天地开辟至今，雕琢至今，世上真有从未雕琢过的事物吗？可深思之。"块然独以其形立"，指与非生物的沟通。"块然"犹如顽石，成顽石意在补天，盖走《西游》、《红楼》之逆向路线。然而"形立"仍然保持人的向上特征，则"未始入于非人"。"纷而封哉，一以是终。"指世界纷纷扰扰，人在世界上不断地被打开，然而封闭就在打开的同时，两者同时生，同时起，同时化，就这样度过了一生。

　　无为名尸，无为谋府，无为事任，无为知主。体尽无穷而游无朕，尽其所受乎天而无见得，亦虚而已。至人之用心若镜，不将不迎，应而不藏，故能胜物而不伤。

"无为名尸"，人之目的在其本身，不要异化成名的载体。尸在祭祀传统中，犹亡灵之宿主。《诗·小雅·楚茨》："神既醉止，皇尸载起。钟鼓送尸，神保聿归。""无为谋府"，于内而言，即《庚桑楚》"无使汝思虑营营"，于外而言，不要成为出谋划策的人，如智囊库、军师或摇鹅毛扇的人。"无为事任"，应该积极做好工作，但不要被其局限住。"无为知主"，所谓众生有烦恼障，菩萨有知识障。"体尽无穷而游无朕"，可参考"太冲莫胜"。体尽无穷者，化其体也。往年余曾游常熟破山寺，见门前于右任题写唐人之联："山河天眼里，世界法身中"（王维《夏日过青龙寺谒操禅师》），或可于此添一注脚。法身无象，而山河、世界者，朕兆也。"尽其所受乎天而无见得"，盖物物不同，各正性命。参考唐寅《言怀》："些须做得工夫处，莫损心头一寸天。"且有得即有失，参考《心经》"无智亦无得，以无所得故"。"亦虚而已。"修养之道，从首至尾，只是一虚，此最上工法。"至人之用心若镜，不将不迎，应而不藏，故能胜物而不伤。"此即佛教所谓大圆镜智，或并镜亦虚之，则亦二亦一也。

南海之帝为儵，北海之帝为忽，中央之帝为浑沌。儵与忽时相与遇于浑沌之地，浑沌待之甚善。儵与忽谋报浑

沌之德，曰："人皆有七窍以视听食息，此独无有，尝试
凿之。"日凿一窍，七日而浑沌死。

"南海之帝为儵，北海之帝为忽，中央之帝为浑沌。"儵、
忽犹时，南、北犹空，而浑沌中央犹时空未分。儵忽、南北为
二，浑沌中央犹一。二犹有，一犹无，推究有无而化之，此
即所谓帝。"儵与忽时相与遇于浑沌之地，浑沌待之甚善"，
盖能和平共处，犹伊甸园之象。儵、忽之相与，犹浑沌之待之
甚善，乃时与地圆融之象。儵、忽、浑沌，亦三、亦二、亦一
也。"儵与忽谋报浑沌之德"，犹夏娃受蛇之诱惑。"人皆有
七窍以视听食息，此独无有，尝试凿之。"因宇宙包含cosmos
和chaos两面，儵、忽必执一非一，不知亦二亦一。"日凿一
窍，七日而浑沌死。"犹逐出伊甸园。《庄子》全书三十三篇
而又内七篇，犹由卦而蓍，七日来复，以补浑沌已凿之窍，乃
重返伊甸园也。

# 南郭子綦的姓名变化及其进步路线

比较长时间参与讨论的人，应该听我讲起过，《庄子》书中有三条隐秘的进步路线。

第一条路线，来自道家的弟子列子。始于《逍遥游》，"夫列子御风而行，泠然善也，旬有五日而后反"。列子自我感觉非常好，然而还是有待。到了《应帝王》，在老师壶子的启发下，他毁去原先所知而重新修学，终于"雕琢复朴"，成就了无待。"纷而封哉，一以是终"，就这样度过了一生。

　　第二条路线，来自儒家的弟子颜回。始于《人间世》，颜回自以为学有所成，准备去卫国救世。颜回提出一套理论，孔子否定。再提出一套理论，再否定。再提出一套理论，再否定。最后颜回技穷了，只好说，这也不行那也不行，那么老师您说应该怎么办呢。于是孔子开导他，讲了一大套闻所未闻的理论，从"心斋"入手，到达"坐驰"。"坐驰"精妙而高明，然而还是有待。一直到了《大宗师》，颜回终于自己弄明白了，于是再去给孔子讲。先讲，不行。再讲，再不行。再讲，孔子认可了。颜回最后讲的是"坐忘"，孔子听了以后说，让我来跟你学吧。这就是老师让了一让，让颜回走到上面去了。《人间世》孔子讲"坐驰"的时候，其中有一句话，"一宅而寓于不得已，则几矣"，是《人间世》提出的处世方法。这里"不得已"，其实是可以翻译成"无为"的。"则几矣"的几，就是《系辞下》"几者动之微"的几。我在《齐物论》讲到的"隐几"，如果作一定的引申，也可以呼应这层意思。"一宅而寓于不得已，则几矣"，在社会上是不得不然，但是仅仅从字面上理解，一般人容易误以为消极。而"隐几"并不消极，它就是积极的，是从正面讲的同一件事。《大宗师》孔子最后让颜回一头，也可以说庄子在帮颜回的忙。我断定庄子非常熟悉孔门师弟的言行，虽然他不一定读过今本《论语》。《论语·子罕》颜回称赞孔子，"夫子循循然善诱人，博我以文，约我以礼，欲罢不能"，既可以看出孔子的伟大，也可以看出颜回不学不行，想学又学不到的两难，终究有一些疲劳。扬雄《法言·学行》称"颜苦孔之卓也"，老师太高妙了，学生琢磨不透，即使非常努力，还是成效甚微。到了《大宗师》中，庄子追根溯源，另外积聚能量，助了颜回一把力，最后超过了老师。所以历来有一种说法，说庄子是颜回学派的传人。

以上两条路线都在内七篇中，还是比较直接的。我真正想讨论的是第三条路线，也是最隐秘、最复杂的一条路线，就是南郭子綦的姓名变化，以及相应的场景变化。其中的演进次序，初步排列如下：首先是《齐物论》中的南郭子綦，他在悟道后讨论天地人三籁。其次是《人间世》、《徐无鬼》中的南伯子綦，叙述成道以后的活动。再次是《寓言》中的东郭子綦，隐去姓名而说出口诀。最终返回《大宗师》中的南伯子葵，复归于当年初学者的形象。

首先出场的是《齐物论》中的南郭子綦：

　　南郭子綦隐几而坐，仰天而嘘，苔焉似丧其耦。颜成子游立侍乎前，曰："何居乎？形固可使如槁木，而心固可使如死灰乎？今之隐几者，非昔之隐几者也？"子綦曰："偃，不亦善乎，而问之也。今者吾丧我，汝知之乎？女闻人籁而未闻地籁，女闻地籁而未闻天籁夫。"子游曰："敢问其方。"子綦曰："夫大块噫气，其名为风。是唯无作，作则万窍怒呺。而独不闻之翏翏乎？山林之畏佳，大木百围之窍穴，似鼻，似口，似耳，似枅，似圈，似臼，似洼者，似污者；激者，謞者，叱者，吸者，叫者，譹者，宎者，咬者。前者唱于而随者唱喁。泠风则小和，飘风则大和，厉风济则众窍为虚。而独不见之调调、之刁刁乎？"子游曰："地籁则众窍是已，人籁则比竹是已。敢问天籁。"子綦曰："夫吹万不同，而使其自已也，咸其自取，怒者其谁邪？"

南郭子綦是内七篇中，第一个出场的正面人物。此人虽然来自庄子的寓言，但在历史上也有些影子。成玄英疏："楚昭王之庶弟，楚庄王之司马，字子綦。古人淳质，多以居处为号，居于南郭，故号南郭。"成疏可能有其根据，也可能有感于南郭而发挥，相通于《论语·雍也》"雍也可使南面"。楚昭王（前613—前591年在位）和楚庄王（前515—前489年在位）年代不相接，所以应该不是事实。颜成子游，《经典释文》："姓颜，名偃，谥成，字子游。"此段师生对答，语意精深，思想佳妙，是《齐物论》音乐性的引子。其中"今者吾丧我"一句，是《齐物论》的点睛之笔，也是理解整部庄书的关键。解说参见《〈齐物论〉析义》。

其次出场的是《人间世》中的南伯子綦:

> 南伯子綦游乎商之丘,见大木焉有异,结驷千乘,
> 隐将芘其所藾。子綦曰:"此何木也哉,此必有异材
> 夫。"仰而视其细枝,则拳曲而不可以为栋梁。俯而视其
> 大根,则轴解而不可以为棺椁。咶其叶,则口烂而为伤。
> 嗅之,则使人狂酲三日而不已。子綦曰:"此果不材之木
> 也,以至于此其大也。嗟乎,神人以此不材。"

南郭子綦变成南伯子綦,是第一个变化,郭可以相应人的
空间,伯可以相应人的时间。"游乎商之丘",是旅游或者访
古,感受看不见的时间。他遇到了一棵大树,觉得非常惊奇。
有许多高级车辆停在下边,而树荫把它们完全遮蔽了,好像成
为停车场。这是一棵什么树呢,看它的细枝不能做栋梁,看它
的大根不能做棺椁,看它的叶子也没有用,而且气味异常难
闻。为什么能长到这么大呢,原来它是"不材之木"。什么是
"不材之木"? 破其体,永远不被分工限制住,甚至永远不成
为专家。"不材之木"得以"终其天年",进于"材与不材之
间"以达"道德之乡"(《山木》),就是庄子所谓的"无用
之用"。"嗟乎,神人以此不材",《天下篇》讲过七种人,

最上等有三种人，神人是上等人中的第二种。为什么还不是第一种呢，因为他还有体要破，还在修持的过程中。第一种"天人"不要破体，就是这样，无所谓破体不破体。还要把体破一下，达到"不材之木"，那已经是第二种了。解说参见《〈天下篇〉析义》。

南伯子綦另一次出场，是在《徐无鬼》之中：

> 南伯子綦隐几而坐，仰天而嘘。颜成子入见曰："夫子，物之尤也。形固可使若槁骸，心固可使若死灰乎？"曰："吾尝居山穴之中矣。当是时也，田禾一睹我，而齐国之众三贺之。我必先之，彼故知之；我必卖之，彼故鬻之。若我而不有之，彼恶得而知之？若我而不卖之，彼恶得而鬻之？嗟乎！我悲人之自丧者，吾又悲夫悲人者，吾又悲夫悲人之悲者；其后而日远矣！"

本段开始和《齐物论》基本相同，有其明显的标志。南伯子綦就是南郭子綦，可以认为是同一个人。颜成子就是颜成子游，也是同一个人。但是以下的情形有些两样。在《齐物论》中颜成子游问"何居乎"，你究竟在哪个境界中呢？我看不清楚了。在《徐无鬼》中他完全是赞赏，没有任何疑惑："夫子，你太杰出了，太精彩了。""何居乎"是疑问，"物之尤也"是肯定，弟子应该是进步了，但老师是否也一样呢？南伯子綦"尝居山穴之中"，还只是所谓的"小隐"（王康琚《反招隐》"小隐隐陵薮"）。他隐居在山中修炼，周围的人都知道，那里有一个德高望重的人，于是齐王田禾去看望他。东周由春秋变为战国，主要发生了两件事，三家分晋、田氏代齐。田禾就是齐太公，田齐的第一个国王。当年陈公子完逃往到齐国（见《左传》庄公二十二年），此后一直发展，逐步坐大。好几代人做铺垫工夫，权势渐渐地往田家集中。田家掌握的物资储备极其丰富，以至于可以"大斗出，小斗进"，用这种手法来收买人心（《史记·田敬仲完世家》）。他的目的不在经济上，而是在政治上，最后控制住了齐国。原来的齐君被安排了一个位置，很快影响就消失了。于是齐国的主持者，由西周姜尚的后代，变成了东周陈公子完的后代。

齐太公田禾来看我，"齐国之众三贺之"，哎呀，我们的国家有希望了。田禾是田齐的开国君主，强势的领导人探望贤明的智者，政治和文化的强强联合，好比小说中刘备三顾茅庐探望诸葛亮。老百姓还在欢呼呢，南伯子綦就不得不反思了，我这么容易被人看出好来，那就是还不够好。我一定是做了什么秀，被他看出来我有利用价值，于是我就成为他安排的戏中角色了。我一定贪图了什么，有缝隙给他看见了。我一定有东西要卖，所以他会来买。如果我不到处显摆，他怎么会知道呢。于是子綦检查自己的问题，这个象为什么被人看到，原来是气息不对。为什么气息不对，那是因为思想不对。那么我就要调整自己，把这些思想、气息进一步化除。你就在人群中，他也不觉得你好，也不觉得你坏，如此才能打成一片，而不是让人带上大队人马来看你。

古往今来，这样的事情永远重复发生，南伯子綦在历史的深处已经看到了。所谓"自丧"就是"我丧吾"，而不是"吾丧我"。过去虽然也有人看出来，但是自己也解脱不了，其实还是在局中。后边还有人在看，而这个人也还是在局中。"其后而日远矣"，无穷尽后退，这就是历史的悲剧。杜牧《阿房宫赋》后来用了同样的句式："秦人不暇自哀，而后人哀之。后人哀之而不鉴之，亦使后人而复哀后人也。"

这段文章和《齐物论》联系，有其确定的标志。南伯子綦就是南郭子綦，可以锁定是同一个人。剧情可以有两种安排，一种是发生在《齐物论》之后，一种是发生在《齐物论》之前。如果发生在之前，那么《徐无鬼》可以看成简化版的彩排，而《齐物论》是正版的演出。《徐无鬼》南伯子綦修的这套东西，修出来以后感觉不对，反思后推翻再来，于是《齐物论》南郭子綦对了。如果发生在之后，那就是在《齐物论》中，他虽然已经觉悟，而以后到了《徐无鬼》中，又出现了问题。这两种安排都可以，我倾向于推断发生在之后。因为这样就可以和《寓言》联系起来，东郭子綦为什么隐姓埋名等等，都可以找到理由。

其后出场的是《寓言》东郭子綦：

> 颜成子游谓东郭子綦曰："自吾闻子之言，一年而野，二年而从，三年而通，四年而物，五年而来，六年而鬼入，七年而天成，八年而不知死、不知生，九年而大妙。"生有为，死也。劝公，以其私。死也，有自也；而生，阳也，无自也。而果然乎？恶乎其所适，恶乎其所不适？天有历数，地有人据，吾恶乎求之？莫知其所终，若之何其无命也？莫知其所始，若之何其有命也？有以相应也，若之何其无鬼邪？无以相应也，若之何其有鬼邪？

本段仍然有其明显的标志，南郭子綦就是东郭子綦，两者是同一个人。颜成子游告诉东郭子綦，是他在《齐物论》以后的进步。而同时南郭子綦也换了姓名，由南郭搬到了东郭，老师也进步了（参见《潘雨廷先生谈话录》二）。所谓南郭搬到东郭，就是我以前讲的，通过政治、法律而走向神圣，而不是绕过政治、法律而走向神圣，这就是庄子和炼功家的根本区别。（参见拙稿《〈引声歌〉讲记》）在《齐物论》中，南郭子綦演绎了天地人三籁，颜成子游回去自己领悟。领悟以后谈出"九年"心得："一年而野，二年而从，三年而通，四年而物，五年而来，六年而鬼入，七年而天成，八年而不知死不知生，九年而大妙。"一年一个境界，总共修了九年，最后达成"大妙"。这是颜成子游对东郭子綦汇报，然而下面这段文字，没有标示是谁在讲。可以认为是东郭子綦的回应，而没有写出东郭子綦的名字。为什么是东郭子綦的回答呢，文章有一个标志，"而果然乎"，你真的已经做到了吗。学生已经讲完了，非常非常好，老师怎么办。老师的高明在于绝处逢生，在似乎题无剩义的地方，又讲出来一段东西。这段回答可以分两段，前半段如下："生有为，死也。劝公，以其私。死也，有自也；而生，阳也，无自也。"这段内容精深之极，在我看来是庄子的口诀。古往今来存在不同的理解，我敢说你随便抽两本《庄子》注释，对此段的标点一定有所不同，以上的标点是我的理解（参见拙稿《〈寓言〉析义》）。东郭子綦的这段文字，和颜成子游"九年"纯度不一样，速度也不一样。如果说"九年"还是渐门，"无自也"已经是顿门了。后半段讲了一连串问题，以提出问题来作为回答，是庄子特有的表述方法。为什么判断是东郭子綦讲的呢，前后半段之间插入一句话，"而果然乎"。如果没有这句话，也可以说不是东郭子綦。"而果然乎"，你真的做到了"大妙"吗。即使对学生的认可也是用争胜的方式来表达，可见老师的生气勃勃，锐利之极。所以前面的"九年"还是显，后面的"无自也"才是密。南郭子綦变成东郭子綦，到达了顶峰。由南到东，由东而化，所谓东者，生气也。

东郭子綦从南到东，还可以追问一句，然后再怎么样？我的猜测有两个向度。一种是修成纯阳上天。当然上天只是比喻的说法，对此不要迷信，也就是达到极高的境界。另一种是还在人间，那么他就是普通人，完全看不出来。《天下篇》庄子自述："独与天地精神往来，而不敖倪于万物。不谴是非，以与世俗处。"前面一句是往纯阳这条路上走，当时已经没人懂他了。后面一句是还在人间，但是我们认不出来。所以说世界上庄子是没有的，如果有人勇于自称，那么肯定是假庄子。在人间的形象也可以回到开头，那就是《大宗师》中的南伯子葵，重新做回当年的初学者：

> 南伯子葵问乎女偊曰："子之年长矣，而色若孺子，何也？"曰："吾闻道矣。"南伯子葵曰："道可得学邪？"曰："恶，恶可！子非其人也。夫卜梁倚有圣人之才而无圣人之道，我有圣人之道而无圣人之才。吾欲以教之，庶几其果为圣人乎！不然，以圣人之道告圣人之才亦易矣。吾犹守而告之，参日而后能外天下。已外天下

矣，吾又守之，七日而后能外物。已外物矣，吾又守之，九日而后能外生；已外生矣，而后能朝彻。朝彻而后能见独，见独而后能无古今，无古今而后能入于不死不生。杀生者不死，生生者不生。其为物无不将也，无不迎也，无不毁也，无不成也。其名为撄宁，撄宁也者，撄而后成者也。"南伯子葵曰："子独恶乎闻之？"曰："闻诸副墨之子，副墨之子闻诸洛诵之孙，洛诵之孙闻之瞻明，瞻明闻之聂许，聂许闻之需役，需役闻之於讴，於讴闻之玄冥，玄冥闻之参寥，参寥闻之疑始。"

南伯子葵也就是南伯子綦，成玄英疏："葵当为綦字之误，犹《人间世》篇中南伯子綦也。"南伯子葵可以有两种身份，一种是南伯子綦，他是已经成就的高人，来和女偶探讨道论。一种是南伯子葵，并非是字之误。葵是生物的向光性，是好好学习的形象，听到什么地方、什么人有好东西就去学，非常可爱。每一代人之中总会有好学之人，四处寻师访友，也是初学者必经的过程。其中大部分人会停留在这个阶段，甚至还有一部分人退回俗人，然而终究会有一部分人上升进入第二阶段。到了第二阶段以后，还会有一小部分人进入第三阶段，比如说成为南郭子綦或者南伯子綦。所以南伯子葵也可以不是南伯子綦的误写，而是东郭子綦的引申或化身，《华严经》普贤十大行愿所谓"请佛说法"。他看见哪一个老师好，就去请他讲课，以此益人益己，逐步进修。当然他也明白，大部分人在第一阶段以后是走不下去的。

以上就是剧本的完整图解，其中的线索就是姓名变化，而姓名变化就是境界变化。姓名变化是为了躲避灾害或者适应时代，对于时代我的定义就是共业。"而果然乎"，老师即使认可你，也不会让你轻易过关的，在后来这就是禅宗的形象。最后以问句作为答案，听的人当然完全明白。这样讲就把意思讲圆了。当然，我再次说明，以上讲的不一定是庄子原意。完全可能本来就是写错了，南郭子綦、南伯子綦、东郭子綦、南伯子葵的区别不是有意的。但是这样讲也能讲通，我相信庄子完全明白，这就是所谓的寓言、重言、卮言，姑妄言之，姑妄听之。

# 子綦的另外一段场景

　　南郭子綦的姓名变化，贯穿《庄子》全书，涉及了五段场景，使用了四个名字。在前后五段场景中，主人公的形象相当高大全，近乎完美，但是另外还有一段省略了。今天研究没有提及的第六段，可以破除前五段形成的体，原来还有一些补不圆的漏洞。前面五段镶上了这一段，就把修道人的形象，从天上拉回了人间。因为即使是一个修道人，也必须承担时代、国家乃至家庭的共业，也有其痛苦和无奈之处。

这一段场景也出现在《徐无鬼》中,此次用的名字是"子綦",没有说他是南郭,也没有说他是东郭。根据成玄英的疏释,这个人就是同篇的南伯子綦,也就是《齐物论》的南郭子綦。在本篇"南伯子綦"成疏中说:"犹是《齐物》中南郭子綦也。"在"子綦"成疏中说:"楚司马子綦也。"《齐物论》"南郭子綦"成疏中说:"楚庄王之司马,字子綦,居于南郭,故号南郭。"互相参照,可以明确三个人是同一人,其间关系大体已经理清了。为什么没有用南郭、东郭之号呢,可以认为是承前省,因为《徐无鬼》上文已经有了南郭子綦,所以这儿用不着再讲了(钟泰《庄子发微》)。在日常生活中直接称名而不称姓,或者是因为此人非常知名,或者是因为关系亲密。如果从义理上分析,单单称为"子綦",也可能是因为思想更隐蔽。当然必须说明,这样的解释不一定是庄子的原意。《徐无鬼》是《庄子》的杂篇,每段材料之间不怎么具有联系性。然而试着把这些散碎的材料拼起来,也可以拼出一幅近乎天衣无缝的图像。

> 子綦有八子,陈诸前,召九方歅曰:"为我相吾子,孰为祥?"

镜头转入了子綦的家庭生活,和现代大多数人不同,他生了八个儿子。以中国传统习惯而言，一般总是以多生为好。古代社会由于战争消耗和医药水平低，人口的死亡率比较高，多生子女是理性的选择。然而孩子生得多了，这些人发展不可能平均，十个手指不一般齐，其中一定有好有不好。这就是所谓二八定律，有相当的普遍性。其实企业的生存也是如此，二是能强势走下去的，八是一点点逐步衰落的。即使到了最高领导层，应该是群贤毕集了吧，然而其中真正起决定性作用的，也还是少数人。

子綦把八个儿子都喊出来，排成队来见客人，这是基本的礼貌，也是古代的待客之道。这次来者是善于看相的九方歅，机会尤其难得，就请他看一下哪个孩子将来最有出息。在春秋时期，相学已经流行，《左传》中关于看相的故事很多。有时遇到一个人，只要流露出一丝一毫痕迹，对方的判断就出来了。"相人"这个词，最初出现在《左传》文公元年（公元前626年）。周内史叔服到了鲁国，公孙敖听说他能相人，就请他看自己的两个儿子。叔服说："谷也丰下，必有后于鲁国。"此人颐颔丰满，后代必然昌大。内史在周王朝中掌管策命诸侯以及孤卿大夫，也是高级的知识人。一个居于这样地位的人，对历史和人性有着透彻的了解，各种人看得多了，自然而然会通晓一些相学。我觉得后来的相术，研究鼻子长得怎么样，耳朵长得怎么样，然后各自对应什么，越搞越繁琐，就渐渐走歧路了。相学的产生来自观世阅人的深邃眼光，所谓鼻子、耳朵长得怎么样，这些都是细枝末节。实际上大部分人都是差不多的，凡品也没什么看头。真正好的品格，应该是英气逼人，而又是向内收敛的，这样的人一般很少遇见。周内史叔服的活动年代要早于老子（约公元前585年—公元前486年），《左传》文公十四年（公元前613年）提及他曾经观测星象。此段《春秋》经文"有星孛入于北斗"，论者指出这是世界上哈雷彗星的最早记录（杨伯峻《春秋左传注》，中华书局，1981年版，第600—601页），那么叔服还是最早注意哈雷彗星的人之一。哈雷彗星的最近出现是在1986年，我还特地起早去看过。等到它再过七十六年回归地球的时候，这一代看星的人，大多数应该不在世了吧。在我看来，研究叔服的知识背景及其来源，远比关注相学重要得多。先秦对于相学的批判，可以参考荀子《非相》，"相形不如论心，论心不如择术"，确实是更高明的理论。这一路学问流变出来以后，成了专业的相术，那已经是二流的了。相学也可以相通于中医，尤其是望闻问切的望。它是在信息不完整的情况下，抓住一些关键性局部判断其整体。这样的判断在特定条件下有可能准确，但在其他条件下也有可能错误，所以用不着迷信。

九方歅这个人，在《淮南子·道应训》和《吕氏春秋·观表》中出现过，叫九方堙，一般认为他就是有名的相马人九方皋。反正这些都是先秦的传说，确实可能有一个九方家族，以相术而闻名，里面出来的人都冠以九方，形成当时的品牌效应。

九方歅曰："梱也为祥。"

子綦让他给自己孩子看一下，哪一个人有前途。九方歅说，这个名叫梱的人最吉利。

子綦瞿然喜曰："奚若？"

怎么一个好法？子綦非常惊喜。听了别人表扬的好话，真还想多听几遍。再给我讲讲细节吧，最好可以重复回味。

曰："梱也将与国君同食以终其身。"

他将和最高领导人一辈子在一起吃饭。

子綦索然出涕曰："吾子何为以至于是极也。"

子綦听他这么一说，原先的高兴劲全没有了。索然是空虚的样子，今天还有"索然无味"的说法。"吾子何为以至于是极也。"我儿子到底做过什么坏事了，或者我怎么倒八辈子霉了，竟然会发生这样的情况。

　　九方歅曰："夫与国君同食，泽及三族，而况父母乎。今夫子闻之而泣，是御福也。子则祥矣，父则不祥。"

　　九方歅说，和国君共同进食，是多么光荣啊，连亲族都可以沾光，父母就更不用说了。"今夫子闻之而泣，是御福也。子则祥矣，父则不祥。"这个术者专业素养非常厉害，他的判断马上就出来了。

　　《左传》经常记载这样的互相判断，我判断你，你判断我，结果两边都是对的。"御福"是术者的判断，他根据一个人对事物的反应来判断他，如果反应不正常，那么就是哪儿有问题。《左传》昭公二十五年（公元前517年），鲁国使者访问宋国，宋国国君设宴招待他，两个人喝酒很开心，起初还是好好地，不知道为什么，说着说着哭了起来。在旁边有一个官员看见了，回去说，他们两个人大概寿不长了。为什么呢，"哀乐而乐哀，皆丧心也"，应该开心的时候不开心，或者应该不开心的时候反而开心起来，这就是所谓丧心，心中的精华力量不在了。"心之精爽，是谓魂魄。魂魄去之，何以能久？"这两个人不久真的去世了。《左传》经常会根据什么来一个判断，而且在事后看来都是准的。所以也有人说《左传》作者和编成《周易》卦爻辞的人，有很深的关系，甚至可能是同一个人。

"御福"这个词，现在还可能听到，所谓"运气来了，挡也挡不住"。试图阻挡就是"御福"，这么难得的好运你还要推却，那么是你的儿子好，你不好。这个判断非常毒辣，九方歅能当面讲事主的坏话，其实也是他的职业道德。那时的人还没有现在这些滑头，决不揣摩你的喜好，然后顺杆儿讲些奉承话。九方歅虽然讲的是真话，但是术者的程度毕竟有限。如果是俗人的话，他早就笼罩住你了，一般会相信得不得了。道家的人看得出他的信息频道有限，判断不出频道之外的内容。

> 子綦曰："歅，汝何足以识之，而梱祥邪。

修道的人怎么能给从事相术的人拘束住呢。你知其一而不知其二，你判断的祥和不祥在世间法的范围内，我所知道的还有出世间法。

> 尽于酒肉，入于鼻口矣，而何足以知其所自来。吾未尝为牧而牂生于奥，未尝好田而鹑生于宎，若勿怪，何邪。

你讲的酒肉吃饭这些事，都是在所谓的"经济人"层面，还仅仅是物质基础，谈不上追求幸福。奥在家中的西南角，宎在东南角。没有放牧家里就有羊，没有打猎家里就有鸟，无因而得果，你对此不感到奇怪，为什么呢？

> 吾所与吾子游者，游于天地。

我和儿子交往于天地之间。

> 吾与之邀乐于天，吾与之邀食于地。吾不与之为事，不与之为谋，不与之为怪。吾与之乘天地之诚而不以物与之相撄，吾与之一委蛇而不与之为事所宜。今也然有世俗之偿焉。

"邀乐于天"，相应于天籁。"邀食于地"，相应于地籁。从"吾与之"到"为怪"一段，和《庚桑楚》中老子开导南荣趎的话大体相同。前两句《庚桑楚》为"夫至人者，相与交食乎地而交乐乎天"，点明是至人的景象，而且先地后天。以下"不以人物利害相撄"，对应"而不以物与之相撄"。最后三句完全相同，顺序恰好颠倒，"不相与为怪，不与之为谋，不相与之为事"。顺序颠倒可能有点道理，克尔凯郭尔曾经说，如果有人给一首乐曲完全迷住了，就把这首曲子倒过来拉，从最末一个音符拉到第一个音符，就可以解魅了（日记ＡＡ：51，转引自克尔凯郭尔，《论反讽概念——以苏格拉底为主线》，汤晨溪译，中国社会科学出版社，2005年版，第5页）。

"乘天地之诚"，就是《逍遥游》"乘天地之正"。正做到了就是诚，诚做到了就是正。所谓天地之诚，是天地之间最好的气。"吾与之一委蛇"，指随顺应变，《应帝王》所谓"吾与之虚与委蛇"。"不与之为事所宜"，是我主动在做事，而不是给事拖着走，《应帝王》所谓"无为事任"。他虽然也必须尽自己责任和本分，但是不想给事务无休止地牵扯住。

> 凡有怪征者，必有怪行。殆乎，非我与吾子之罪，几天与之也。

为什么有怪的征兆呢，因为以前有怪的行为。这里的思想基础，牵涉到了因果律。子綦说，好像不对啊，我没有做错过事情，怎么还会有这些征兆。"非我与吾子之罪，几天与之也。"人世间确实有些情况，用简单的逻辑说明不了。《庚桑楚》中有一段话，意思是即使我都做对了，如果还发生不好的事情，对此不应该动心："备物以将形，藏不虞以生心，敬中以达彼。若是而万恶至者，皆天也，而非人也，不足以滑成，不可内于灵台。"子綦在极其严格地检查以后，自己没有做错任何事情，为什么还会发生怪的征兆。当然这个检查绝对不能自我欺骗，不能习惯于原谅自己，永远可以找理由来辩护。对于我们普通人来说，如果反身留心体察，因果律确实难以排除，往往在一生中就看得见。然而还会遇到一生摆不平的事情，佛教推原于前世，道家推原于天。对于佛教的三世因果，在道家来说也可以不需要，要是努力后还摆不平，也就是这样了。《达生》所谓："达生之情者，不务生之所无以为。达命之情者，不务命之所无奈何。"根本不考虑来世，就是如此，就在这一世解决，那才是所谓的即生成就。

吾是以泣也。"

我的判断和你完全不同，因此才忍不住哭的。

无几何而使梱之于燕，盗得之于道，全而鬻之则难，不若刖之则易，于是乎刖而鬻之于齐，适当渠公之街，然身食肉而终。

过了不长时间，他的儿子梱出使去燕国，路上遇到了强盗的拦截。由于担心遭到反抗或逃跑，强盗就把他的脚给砍了，卖到了齐国。"渠公之街"有好几种解释，其中有一种来自陆德明《经典释文》："渠公，齐之富室，为街正，买梱自代，终身肉食至死。"渠公大概是王宫前某条街的负责人，他自己不愿意干，买了梱来代替。于是梱在王宫前看门，终身食肉。当时的社会生产力不发达，食肉是一件大事情，大概只有利益集团成员才能经常享用吧。像《曹刿论战》（《左传》庄公十年）中说，"肉食者鄙，未能远谋"，既可见下层人员的参政热情，也可见他们平时是吃不上肉的。还有一种来自孙诒让，他认为渠公就是齐康公，渠当作康，因为形近致误（《札迻》卷五，雪克、陈野校点，齐鲁书社，1989年版，第164页）。当然也可能是亲信大臣出行，遇见了他，把他买了下来。这里可能有阙文，此处省略若干字。总之最后食了肉，九方歅的相术灵验了。

回过头来看，这段场景跟前面五段不同，人物形象也相当扁平，不够丰满。发生了这件事以后，梱是怎么想的，没有说。子綦又是如何应对的，也没有说。其中有道者和术者的对立，道者应该高一点。子綦的一大串言论，和《庚桑楚》中老子对南荣趎的开导基本相同。同样一段话，老子用来开导南荣趎，神变无方，而子綦用来抵挡术者，却多少显得软弱无力，听起来好像在自我辩护。可见同样的话由不同的人讲出来，或者对不同的人讲，情况完全不同。好比武侠小说中的独孤九剑，永远是进攻，永远抢先手，步步直趋生门，招招攻敌要害，所以就用不着守了。如果把独孤九剑用来防守，就没有味道了。老子是攻，子綦是守，"攻守之势异也"。

发生了这件事以后，子綦是怎么应对的，还在本国做他的修道梦吗？没有说。是不是赶去齐国营救呢？也没有说。到底如何决断，相当费猜详。《徐无鬼》前文说，"田禾一睹我，而齐国之众三贺之"，那么也可以推断他后来去了齐国。齐康公就是被田禾驱逐的末代国君，其间还发生了什么故事，令人浮想联翩。

这就是五段场景之外的另外一段，彼此有碍还是无碍？两者之间形成张力。把南郭子綦的光辉形象拆了一下，拆了以后是好还是不好，我以为是好。这样总共六段场景，移步换形，把圈子兜了过来。这里还可以看出时代背景，有强盗啸聚山林，拦路抢劫或者"剪径"，可见当时的社会矛盾。也有"渠公之街"之类的贵族，这些官员应该是强盗的对立面，但是没有去消灭强盗，而是把赃物买下来，也算是参与了销赃。前面五段都没有说明背景，这里背景立体地显了出来，原来谁也脱离不了社会生活。回到前面讲的，即使是一个修道人，也必须承担时代、国家乃至家庭的共业，也有其痛苦和无奈之处。

后记

一，以希腊而论，庄子（约公元前368年—公元前289年）与柏拉图（约公元前427年—公元前347年）大体同时，活动时期为奥林匹亚赛会一百届前后。奥林匹亚赛会始于公元前776年，约相当于东西周之际（周幽王六年）。此一纪年，晚于《史记》的共和元年（公元前841年），早于《春秋》的鲁隐公元年（公元前722年）。公元或"主之年"（Anno Domini 或A. D.）起于耶稣诞生，约相当于两汉之际（汉平帝元年），此时刘向、刘歆父子已完成《七略》。

二，以中国而论，庄子与孟子（约公元前387年—公元前308年）大体同时，两人没有交往的痕迹。在当时孟显而庄隐，孟有可能不知庄，而庄有可能知孟。孟"说大人则藐之"（《尽心下》），庄"时纵恣而不傥"（《天下篇》）。两人变化孔老，孟已有所取舍，庄更剑走偏锋。庄影响于魏晋时代，孟影响于宋明时代，于现代庄学似有潜流复起之势。

三，庄子和老子（约公元前585年—公元前486年）都属于道家，相应内圣外王之学，然而也有其异。老子倾向于上层，含有帝王术成分。庄子倾向于民间，为普通读书人寻求出路。老子的语言方式是"正言若反"（七十八章），庄子的语言方式是寓言、重言、卮言（《寓言》、《天下篇》）。

四，庄子和孔子（公元前551年—公元前479年）有异有同。孔是庄的思想对象，且往往揶揄之，细察则有息息相通处。庄于孔有亲切感，所谓"天刑之，安可解"（《德充符》），知孔甚深。后世儒学的一些基本概念，如"内圣外王"、"六经"，亦往往由庄书传出。论者（钟泰《庄子发微》）以为庄出于孔之颜回学派，有可能。孔温厚而有"庄语"，庄则"以天下为沈浊，不可与庄语"（《天下篇》）；孔"子不语怪力乱神"（《论语·述而》），庄则上天入地，无所不至，往往旁及志怪。后世称孔为"孔夫子"，而称庄为"庄生"，其形象不衫不履，且英气逼人。

五，孟子有得于部分之孔，其学指归在于"言必称尧舜"

（《滕文公上》）；庄子则兼取孔老，其学指归在于"古之道术"（《天下篇》）。此至高至深，实不可言，其书大义混于寓言、重言、卮言之中，必须细心抽绎方可见之。

六，庄学集先秦学术之大成，以后又与传入的印度佛教印证，促进了中国佛教尤其是禅宗的形成。庄学已渗入中华民族的思想语言（如"庖丁解牛"、"游刃有余"、"踌躇满志"之类），深深影响了知识人的文化性格。今天解析庄书，不仅试图上通中国的古今学术，而且和世界上其他思想流派，也有可以相互比较之处。

七，当年笔者于求学之时，曾听闻潘雨廷先生讲授庄子。先生所言已不能完全记忆，唯有指出庄书关键在于《齐物论》"今者吾丧我"，至今印象深刻，无法磨灭。敬志于此，以为本书之缘起。

八，笔者关注庄子，大约在三十年前。尝试写作本书，大约在上世纪九十年代末。部分文稿曾在研究生班上宣读，并时时加以修改，记录了初步的读庄心得。今先行整理其中的内七篇，以求在较大范围内和读者共同砥砺。庄书常读常新，若他日为学有进，还可能再整理其余几篇，尤其是笔者心目中的先秦学术枢纽——《天下篇》。

张文江
2010年12月24日

**图书在版编目(CIP)数据**

《庄子》内七篇析义/张文江著.—上海:上海
人民出版社,2012
（同济·中国思想与文化丛书）
ISBN 978 - 7 - 208 - 10968 - 1

Ⅰ.①庄…　Ⅱ.①张…　Ⅲ.①道家②《庄子》—研究
Ⅳ.①B223.55

中国版本图书馆 CIP 数据核字(2012)第 216648 号

世纪文睿出品
Century Literature

出品人　邵　敏
责任编辑　张玉贞　任　柳
封面装帧　赵　瑾

————————————————

《庄子》内七篇析义
张文江　著

————————————————

世纪出版集团
上海人 & 出 版 社出版
(200001　上海福建中路 193 号　www.ewen.cc)
世纪出版集团发行中心发行
上海商务联西印刷有限公司印刷
开本 720×1000　1/16　印张 16.5　插页 2　字数 1504
2012 年 11 月第 1 版　2012 年 11 月第 1 次印刷
ISBN 978 - 7 - 208 - 10968 - 1/G · 1541
定价 30.00 元

www.ingramcontent.com/pod-product-compliance
Lightning Source LLC
Chambersburg PA
CBHW031941010726

47493CB00007B/2023